철 따라 살펴보는 세시순례

철 따라 살펴보는
세시순례

이 수 봉

景仁文化社

서 언

필자는 18세부터 고향인 울산을 떠나 살았지만 부모님이 고향에 계셨기 때문에 고향을 영 떠난 것은 아니었다. 고향에 경조사慶弔事가 있으면 꼭 참석했기 때문에 친척들과는 소원 疎遠함이 없었다. 그러나 초등학교 때의 친구들만 있을 뿐, 중·고의 동기 동창들이 없기 때문에 비교적 지인知人이 적은 편이다.

부산 남성여고 교사로 8년, 대구 영남대 교수로 7년, 충북대 교수로 1994년 2월 정년퇴임을 하기까지 40여 년의 교직생활을 하였다. 그 후에도 계속 석·박사 과정을 강의하다가 2000년 5월 비로소 귀향했다. 울산대와는 공대시절에 출강出講한 인연이 있어서 2006년까지 울산대 국문과에서 석·박사 과정에 출강을 했다. 2007년부터 자유로울 수 있었다.

귀향 후 몇 년 동안 서원書院과 향교鄕校를 통하여 연령층 年齡層이 같은 유림儒林들과 교우하면서부터 향토문화에 관심을 가지게 되었다. 이때 족질族姪일 부열浩烈군이 『광역일보』

편집국장직을 맡게 되면서 칼럼에 글을 써 달라는 부탁을 받았다. 농촌생활에서 철따라 변해가는 24절후의 변모를 쓰고 싶다고 하였더니 즉시 양해가 되어 쓰기 시작한 것이 곧 세시순례歲時巡禮라는 제명題名이 되고 말았다. 2006년 7월 26일 삼복三伏이란 글부터 쓰기 시작하여 2007년 9월 11일까지의 43회의 "시리즈를 마무리 하면서"라는 글을 묶은 것이 얄팍한 책자가 되었다.

비록 글재주가 없는 사람의 글이지만 농촌의 순박한 인심과, 철따라 농작물이 심어지고 거두어지고 다시 심어지고 거두어지는 농촌생활을 목도目睹하는 자연의 아름다움과, 세시歲時와 의례의례儀禮儀禮를 통하여 느낀 바를 쓰면서 어릴 때의 경험들이 되살아나는 감회를 적었더니 지금 사람들은 신기하고 처음 듣는 것이라면서 읽는 사람이 많았다고 한다.

글 쓰는 동안의 1년은 잠시였다. 이제 푹 쉴까 생각했는데, "울산의 옛 이야기 속으로"라는 제명題名의 글을 『경상일보』가 요청해 왔다. 쓰기로 했다. 향토사를 연구하는 독자에게 얼마만큼의 기대를 충족시킬지 걱정이 앞선다.

2008. 5. 20

著 者

Contents ^{차 례}

◦ 서 언

Contents^{차 례}

1. 말복末伏다림

복중伏中이란 초복, 중복, 말복으로 이어지는 가장 무더운 기간을 복중 더위라 한다. 우리의 세시기에 보면 복 날이면 개를 잡아 파를 넣고 개장을 끓여 먹는다. 한편으로는 닭에 죽순을 넣어 끓여 먹는다. 개장국에 고춧가루를 넣고 밥을 말아서 먹는 것을 시절음식이라고도 한다. 요즘은 사람들의 기호에 따라 개장국(보신탕)과 삼계탕으로 구분하여 여름의 보양음식으로 먹고 있다.

지금은 이 음식들이 계절을 초월하여 단골음식점으로 성업盛業을 하는 음식문화로 바뀌었다. 그만큼 보신탕과 삼계탕은 먹는 이의 기호에 따라 구별되고 있다. 거기에는 불자佛子라는 가통에 의한 금식적禁食的 유풍이 많은 작용을 하고 있을 것으로 보고 있다. 여하튼 이 삼복더위에는 보신탕 먹기로 여름철의 허기虛氣를 보강하는 수단으로, 일찍이 조상들로부터 권장을 받은 계절음식인 것이다. 그 전통음식이 곧 보신탕이란 음식인 것이다.

우리 농촌은 입춘이 지나면서부터 농사짓기 준비를 한다. 우수, 경칩이 되면 동면에서 잠을 깬 개구리 등이 돌틈에서 나온다. 춘분이면 제법 초목들이 푸른빛을 띠운다. 이때부터 농촌은 일손이 바빠진다. 추운 겨울동안 돌보지 못한 조상들의 묘소를 청명, 한식날을 골라 성묘를 겸한 사토沙土로 묘역을 돌보는 세습적인 의례가 행해짐으로써 자손들은 가벼운 마음으로 농사에 전념하는 것이 상식으로 되어 있다. 그 사이 곡우, 입하, 소만, 망종의 절기가 지나는 동안 몸은 기진맥진이 된다. 곧 두 벌 논매기를 마치면 해가 가장 길다는 하지가 된다. 이 하지가 지난 첫 경일庚日을 초복 날이라 한다. 이 초복으로부터 10일이면 중복이고 이 중복으로부터 10일이면 말복이다. 만약 이 말복 안에 입추立秋가 있으면 월복越伏이라 하여 입추로부터 10일 뒤에 말복을 맞아야 한다. 금년의 월력에 윤칠월이 들어서 입추 다음날이 말복이므로 월복인 것이다. 곧 더위가 그만큼 연장이 된다.

특히 금년의 초복은 태풍 에위니아에 이은 장마가 영동

嶺東에서부터 전국을 휩쓸어 농작물이 쑥대밭이 되었다. 지금은 수해지역의 복구에 여념이 없다. 이런 판국에 초복 따위는 아랑곳없었다. 그러나 삼복더위에 개장국과 닭국으로 허약체질을 보강하는 음식문화는 우리 선조들의 지혜로운 발상이었는지 모른다. 그것은 여름동안 땀 흘려 쇠진한 몸을 회복시키기 위해서는 반드시 10일마다 보양식을 섭취하도록 권장하는 방법의 하나가 초복, 중복, 말복의 풍속을 설정한 것이 아닌가 싶다. 옛날의 기록에 보면 전통풍속으로 삼복제三伏祭를 지냈다고 한다. 그 삼복제는 개를 잡아 제사를 지냄으로써 충재蟲災를 막았다는 해석이고 보면 이는 나라에서 백성들에게 보양식을 먹게 하는 지혜로운 풍속이 아닌가 싶다. 그리하여 초복初伏날이면 노인들을 마을 앞 정자亭子 아래 모아놓고 개장국 등으로 푸짐하게 대접을 했다. 이때 젊은 사람들은 풍악을 울리면서 노소가 한 판이 된다. 이것이 지금의 경로잔치로 이어진 풍속인 것이다.

말복이 되면 농촌의 아낙네들은 그 고장마다에 있는 이름난 계곡의 약수터를 찾는다. 그동안 농사일에 돋은 땀띠를 없애는 물맞이를 한다. 이날을 위해 준비해 간 불고기를 구워 먹으면서 몇 차례의 물맞이를 하고 보면 배가 헐출해진다. 이때는 다시 별미로 밀국수나 감자를 삶아 배를 채우

고 다시 물에 뛰어드는 등 하루해를 즐겁게 보낸다. 이날을
두고 농촌 아낙네들의 공휴일이라 할 수 있는 것이다. 온종
일의 물놀이로 그간의 피로를 풀었던 것이다. 호남지방에
서는 이날 여름철의 식욕을 돋우기 위해 밀전병이나 수박
을, 충청도에서는 새벽에 일찍 우물물을 길어다 마셨다. 그
것은 복이 오라는 뜻으로 "용알 뜨기"의 속신과도 같은 것
이었다. 특히 소백산으로 이어지는 농촌에서는 말복末伏날
논매기와 밭매기를 마친 다음 호미씻이놀이인 "나다리"라
는 마을축제가 있었다. 온 마을의 머슴들이 모여 주인들이
갹출한 풍부한 먹을거리인 개와 닭을 잡아 노인들을 대접
하며 풍악을 울려 하루를 즐겼다는 놀이문화는 말복다림의
대표적인 미풍양속이 아닐 수가 없다.

<2006. 7. 26>

2. 칠석七夕

　오늘이 8월 초하루이니 음력으로는 윤7월 8일이다. 지난 20일이 초복이고 23일이 대서大暑이며 30일이 중복中伏이고 31일이 칠석七夕이었다. 벌써 8월 8일은 입추立秋가 된다. 그러나 9일이 말복未伏이다. 입추 뒤에 온 말복이라 월복越伏이라 한다. 이 월복은 중복으로부터 20일 뒤가 말복이 된다. 곧 입추가 되면 무더운 폭염이 지나고 서늘한 가을이 온다는 절기가 아닌가? 금년은 윤7월이 있어 늦더위가 지속 될 것이다. 동시에 금년의 추석秋夕에는 햅쌀로 제사지내기에 충분할 것이다. 그런데 지금은 장마 뒤에 온 첫더위이고 또 방학 후에 아직 해수욕장을 찾지 못하고 있다. 그런데 절기는 벌써 칠석이다.

　은하수를 사이에 두고 한 해에 한 번씩 만나 사랑을 나

눈다는 견우牽牛와 직녀織女가 이날이 오기를 기다렸다는 이야기는 옛 주周나라 때부터 내려오는 이야기라고 한다. 천상과 지상을 다스린다는 옥황상제에게 예쁜 공주 직녀織女가 있었다. 그 옆 마을에 견우牽牛라는 총각이 있었다. 그는 소몰이를 잘하며 농사일을 잘하였다. 옥황상제는 견우를 사위로 삼았다. 그러나 두 사람은 밤낮으로 함께 지내기만 하고 베 짜기와 농사짓기는 하지 아니하였다. 그러다 보니 백성들은 헐벗고 굶주림에 이르렀다. 그만큼 견우와 직녀는 백성들의 의식衣食을 감당하는 위대한 지도자였던 것이다. 이들이 베 짜기와 농사짓기를 하지 아니하고 밤낮으로 사랑에 빠져 있으니, 백성들도 자연 이들의 사랑을 본받았던 것이다. 이를 보다 못한 옥황상제는 노하여 딸인 직녀는 은하수 동쪽에 살게 하고 사위인 견우는 은하수 서쪽에 살게 함과 동시에 일 년에 한 번씩인 7월 7일 날만 만나도록 명하였다.

두 사람은 이날을 위해 열심히 일을 하고부터는 천상天上에는 다시 옛날처럼 의식주衣食住가 풍성하여 백성들이 살기 좋은 세상이 되었다. 그러나 안타까운 것은 견우와 직녀만은 은하수銀河水가 가로 막혀 서로가 만날 수가 없었다. 서로가 동서에서 멀리를 쳐다보며 안타깝게 그리워만 할

뿐이었다. 기다리던 일 년 만의 칠월칠석날이 왔다. 서로는 동서東西에서 아침 일찍부터 열심히 은하수를 건너고 있었다. 그러나 은하수의 한가운데에 와서는 물이 깊어 건널 수가 없었다. 그러는 사이 날은 저물어만 갔다. 이날을 위해 서로가 열심히 베를 짜고 열심히 농사를 지었는데, 서로 얼굴만 마주하면서 건널 수가 없었다. 서로 발을 동동 굴릴 뿐이었다. 이 애틋하고 안타까운 광경을 보다 못한 지상地上의 까마귀와 까치들이 총동원되었다. 지상의 돌을 이고서 하늘나라를 향했다. 그들은 열심히 은하수에 돌다리를 놓았다. 그리하여 견우牽牛와 직녀織女는 해가 저물기 전에 그 다리를 건널 수가 있었으니, 실로 일 년을 그리던 사랑의 해후邂逅였다. 그 해후의 다리를 오작교烏鵲橋라 했다. 그리고 이날이면 지상에서는 오작烏鵲을 볼 수 없었다. 며칠 후에 나타나는 오작을 보면 모두가 장방이의 털이 빠져 있었다는 것이다.

이날이면 예로부터 소녀들은 몸을 깨끗이 하고 옷차림도 곱게 했다. 향기로운 꽃을 제단에 바치고는 자기의 소원을 빌었다. 또한, 시집간 규수들도 이날이면 친정으로 돌아오는 풍속이 있었다.

이날이 오면 집집마다 과일을 차려 놓고 하늘에 제사를

지냈으며, 소녀들은 달빛 아래서 그해의 행운을 빌었다. 또 이날은 물을 일곱 번 길어다가 몸을 씻으면 몸에 부스럼이 나지 아니하며 또한 질병이 침범치 못한다는 벽사적인 속신도 있다. 또 김극기金克己의 동경유속東京遺俗에 6월 15일이면 동천강東川江에 나가 몸과 머리를 감으면 더위를 먹지 않으며, 또한 역질이 침윤할 수가 없다는 유두절流頭節의 풍속도風俗圖는 곧 칠석날에 규수들이 세발洗髮 풍속과도 같다고 하였다.

아무튼 칠석七夕이나 유두절流頭節은 그간 농사일로 돌보지 못했던 몸을 씻고, 허기虛氣를 보강하는 보양식 먹기의 풍속 등은 모두가 더위를 이겨내는 하나의 비방이자 장려책이 아닐 수 없다. 금년은 중복中伏날 다음날이 칠석七夕날이었다. 칠석날도 역시 무덥다.

<2006. 8. 1>

3. 입추立秋

　　입추하면 가을이 들어선다는 절기의 의미도 있지만 너무 덥기 때문에 서늘한 가을이 그립다는 의미의 입추로 해석할 수가 있다. 왜냐하면 입추의 절기는 논매기를 마치고 한숨을 돌리는 절후이기도 하다. 곧 여름의 더위를 식혀주는 소낙비나 장마가 계속 된다할지라도 입추만 지나면 그처럼 성장을 과시하는 잡초들의 성장이 멈춘다는 절기이기 때문에, 입추가 지나면 농부들이 한숨을 돌린다는 것이다. 이로 보면 말복을 전후한 무더위이지만 계절의 지열地熱은 분명히 수도작水稻作이나 한초旱草 이외의 잡초들이 생장을 멈추기 시작하는 절기의 의미가 있다는 것이 옳을 것 같다. 입추가 지나면 벼 속은 세 마디의 이삭이 자리 잡게 되고, 처서處暑가 되면 벼에 알이 밴다는 것이다.

옛날 명나라 때 전여성田汝成의 호서유람지湖西遊覽志 권 20에 보면 "입추절立秋節은 중국 한족漢族들의 전통명절로 이날이 되면 남녀가 한 쌍이 되어 그네를 즐겨 타는 놀이 가 있었다. 낯선 남녀 간에 서로가 마음이 맞아 그네타기의 순서가 되면 두 사람은 자기도 모르게 몸이 닿아 지고 숨 결과 눈이 합쳐지면서, 힘껏 발을 굴려 하늘 높이 두 몸이 하나가 되는 황홀경에 빠진다. 이로부터 두 사람은 사랑의 징표로 붉은 색의 석남石楠(돌에 붙어 자란 난초로 향기가 짙다)을 잘라 서로의 머리에 꽂아 주기도 하고 혹은 그 꽃의 화판花 瓣을 조각하여 서로의 목에 걸어 주고는 사랑을 확인 한다. 그런 다음 붉은 팥 일곱 알을 서로가 추수秋水로서 삼킨 다". 그것은 죽어 칠성판七星板에 실려 갈 때까지 변치 말자 는 맹세인 것이다. 이런 민속이 우리에게 전해져서인지 석 남石楠설화는 우리의 고전소설에 나온다. "어느 지방에 사 는 두 남녀가 서로 사랑을 하였는데 남자 쪽 부모가 결혼 을 허락하지 않았다. 남자는 그녀가 그리워 상사병으로 죽 었다. 그런데 어느 날 밤 그녀의 집을 찾은 남자는, 오늘 우리 부모께서 우리의 결혼을 허락하였으니, 이 길로 우리 집으로 가자, 하면서 꺾어 온 석남을 서로의 머리에 꽂고, 밤이슬을 밟으며 남자 집에 당도하였다. 여자에게 잠시 기다려라 하고는 집에 들어간 사람은 날이 밝아도 나오지 않았다. 그러자 사립문이 열리고 조기弔旗가 눈에 보였다. 그녀는 그때 물 길으러 나오는 분에게 뉘가 죽었기에 곡성哭聲이 진동하는가? 라고 물었다. 답하기를 이집 아들이 죽어 오늘 장삿날이라 하더라. 그녀는 대성통곡을 하면서 자초지종을 이야기하니 모두 놀래어 널 뚜껑을 열어보았다. 이슬 밭을 오느라 아랫도리가 젖어 있고 머리엔 석남이 꽂혀 있었다. 그녀는 그제야 남편이 죽은 줄 알고 통곡하니 죽었던 사람이 벌떡 일어났다". 그리하여 두 사람은 백년해로 했다는 이야기이다. 이를 보면 석남石枏을 서로의 머리에 꽂아 주는 그네타기 민속은 분명히 대지의 지열이 이날로부터 식어가고, 더위에 지친 사람들에게는 생기를 돌게 하는 뜻으로 받아들이자는 절기인 것이다.

금년은 입추 다음날이 말복이라는 달력의 표시가 있다. 예로부터 말복 전에 입추가 들면 월복이라 했는데 우리로 하여금 엇갈리게 한다. 여하튼 지금은 삼복더위로 벼의 생육에 더 없이 좋은 더위이다. 밭에는 고추가 붉게 익어 가고 참깨와 콩이 꽃을 피우고 있다. 밤이면 개구리 소리 요란한데 아쉬운 것은 낮에 그처럼 신나게 울던 매미 소리가 없다. 농촌의 제초제 살포는 문제가 있다고 본다. 우리 언제 밤이면 반딧불이의 정서를 되찾고, 낮이면 매미 소리 듣는 그늘 밑에서 낮잠을 청해보랴.

<2006. 8. 8>

4. 백중百種

　　음력으로 7월 15일을 백중이라 한다. 금년의 백중은 입추立秋와 같은 날이다. 백중을 한자漢字로 백종百種, 백종魄縱, 백종白踵, 백중白衆 등으로 쓰면서 여러 가지의 억지 해석만 있을 뿐, 확실한 전거典據가 없으므로 "백중이란 말뜻은 알 수 없다"고 육당六堂은 조선상식朝鮮常識에서 말하고 있다. 다만 농작農作의 진행과정에서 치러야하는 민족고유의 놀이이거나 아니면 제의의 하나인 민속으로 보아야 하겠다. 불교나 도교적 요소가 있어 복잡하게 섞인 특수한 형태를 구성한 하나의 절기로 보아야 할 것 같다.

　　신라 때는 여자들에게 베 짜기 경쟁이 부족 간에 있었던 가배회嘉俳會가 이날에 시작하였다. 불교에서는 불제자 목련目蓮의 고사故事에 선세의 망혼亡魂을 천도遷度하는 우란분공盂蘭盆供의 재를 이날에 행했으며, 도교에서는 천상의 선관仙官이 한해에 세 번씩 인세의 선악善惡을 점고하기 위해 삼원三元날을 정했다. 1월 15일을 상원上元, 7월 15일을 중원中元, 10월 15일을 하원下元이다. 이날이면 반드시 초재醮齋로서 선악을 닦았다고 한다. 그러므로 우리의 백중은 여려 종교를 골고루 이어 받아 정착한 민속행사의 하나로 보아야 할 것 같다. 농촌에서는 이날 농악을 울리며 술잔치가 벌어진다. 이는 농사일을 마치고 풍년을 기원하는 제의를 겸한 놀이라서, 씨름판이 벌어지는가 하면 수박手搏놀이 등의 기희技戱로 서로의 힘을 겨루었다. 이는 가배회嘉俳會의 여흥餘興으로 이어지는 민속의 뜻도 있다고 한다.

한편 농촌에서는 이날을 망혼일亡魂日이라 하여 채소, 과일, 술, 밥으로 망친亡親의 혼을 불러 분공焚供 하는 유풍遺風으로 내려온다고 한다. 이를 뒷받침 하는 글이 서거정徐居正의 동문선東文選에 중원초례中元醮禮에 관한 제문祭文이 실려 있음을 보아, 백중은 아마 도교적인 하나의 흔적이라고 육당六堂은 그의 문헌을 인예引例하여 단정하고 있다.

여하튼 백중일은 오랜 민족고유의 한 유풍으로서, 시대의 흐름에 따라 사찰에 귀일歸一하기도 하고, 가묘家廟에 천제薦祭로서 지성을 다 하는 것으로 바뀌었다. 그리하여 촌

락공동의 제의나 놀이문화가 되었다. 이런 절기일節氣日이 중국은 입추立秋로, 우리는 백중百種이란 민속으로 전수되고 있는 것 같다.

제주에서는 이날(7월 14일)을 "백중물천" "백중와살" "백중제"가 벌어진다. 곧 1) 백중물천은 물속에서도 잡기 힘든 소라, 보말, 전복 등이 물가로 기어 나오고 또한, 온갖 고기들이 뭍으로 뛰어 오르기 때문에, 고기잡이를 하지 않고 집에 있는 사람은 도적놈이라 했다. 왜냐 하면 이날은 고기잡이로 산물産物이 풍성하기 때문에 하루의 시식時食으로 즐기지 아니하고, 아무리 메밀갈이로 바쁠지라도 이날만은 일손을 멈추자는 것이다. 2) 백중와살은 땅에서는 곡식이 영글고 산에서는 초목이 풍성하여 가축들을 살찌게 하니 이는 다 한라산의 농축신農畜神 덕분이라 믿었다. 이날은 전 도민이 정성을 다 하여 백중와살제를 지냈다. 특히 이날로부터 여름과 겨울이 바뀌는 분기점이라 하여 이 백중와살제는 예로부터 중시해 왔다. 3) 백중제百種祭의 유래는 이러하다. 옛날 백중이란 목동이 소를 먹이고 있었다. 하늘에서 옥황상제가 내려오더니 바다를 향하여 "거북아" 하고 불렀다. 잠시 후 거북이 바다에서 떠올랐다. "오늘 밤에 석 자 다섯 치의 비와 함께 풍우風雨를 대작大作케 하라" 하고는 하늘에 올랐다. 엿들은 백중을 생각해 보니 비는 내려도 좋으나 바람만이라도 막아야 큰 피해를 면할 것 같았다. 백중은 언덕에 올라 옥황상제의 음성을 흉내 내어 거북을 불러 "아까는 내가 말을 잘못 했다. 비만 내리고 바람은 불지 말라"하니 거북이 대답하였다. 하늘에서 굽어 본 옥황상제는 제주濟州가 무사함을 보고 크게 노하여 "당장 백중을 잡아 오라"하니 백중은 천벌이 두려워 스스로 몸을 바다에 던졌다. 이날이 7월 14일이다. 해마다 이날은 제주도민이 백중의 넋을 기리는 백중제를 지냈다. 그리고는 물맞이나 해수욕을 하면 만병통치라고 했다. 육지에서도 제주도 이상으로 씨름놀이 등의 풍습이 있었다. 금년에도 충주에서는 전국 천하장사 민속씨름 대회가 있었다. '백중'의 풍속은 제주의 백중설화에서 온 것일까?

<2006. 8. 16>

5. 처서處暑

　처서(양력으로 8월 23일)하면 들판에 벼꽃이 만개한 계절이
다. 하기야 조생종인 흑미黑米는 벌써 벼꽃이 지고 고개를
숙이고 있다. 콩밭에는 콩 꽃이 피고 열매도 달려 있다. 금
년은 장마가 길어서인지 고추의 키가 무성하여 바람으로
넘어진 곳이 많다. 지금 고추 수확이 한참인데도 어머니들
의 얼굴은 밝지가 않다. 그것은 장마로 인한 탄저병이 만연
했기 때문이라는 것이다. 고추밭에 탄저병이 발생하면 속
수무책이라고 한다. 고추에 반점이 생겨 썩어가는 병이기
때문에 방제하기가 힘들다는 것이다. 필자가 살고 있는 박
제상유적지 마을에도 탄저병이 만연하여 금년의 고추농사
는 실패했다는 말들이다. 그러므로 금년의 고추 값은 비쌀
것이라는 것이다. 한편 참깨 밭은 벌써 베어졌고, 그 자리

엔 김장갈이를 위해 거름을 넣고 갈아 놓았다. 처서가 지나면 농촌의 할 일은 그동안에 흘린 땀의 대가를 거둬들이는 수확의 기쁨만 남아 있다.

지금 농촌의 한낮은 매미소리로 요란하고, 들판은 머지않아 황금의 물결로 넘실거릴 것이다. 이를 지켜보고 있는 농민들의 무료한 지금이 가장 행복할 것이다. 머지않아 고구마를 캐고 그 자리에 김장의 씨만 뿌리면 그만이다. 그러나 이맘때면 꼭 찾아오는 불청객인 태풍이 두렵기만 하다. 지난주에 태풍 "우풍"으로 울산의 배 밭에서는 많은 낙과의 피해를 보았다. 제발 수확기의 농촌에는 태풍의 피해가 없기를 바라는 마음 간절하다. 더욱이 금년은 윤7월이 있어 절기가 늦어, 묘역의 벌초伐草와 추석맞이에 여유가 있다. 그것은 햅쌀로 제수祭需를 준비할 수가 있기 때문인 것이다. 그리고 모처럼의 윤달을 맞았기 때문에 선산先山을 이장移葬하거나 합장合葬하는 등으로 묘역을 손질해도 후환後患이 없다 하여, 금년의 윤7월은 산사山事일로 풍수風水들과 돌 공장이 매우 바쁠 것이라고 한다. 요즘은 시류時流에 따라 선산先山을 한 자리에 이장하는 납골당 조성사업을 많이 한다. 그것은 대단위 공단조성이나 댐 조성사업 등의 국책사업으로 부득이 묘소를 옮겨야할 경우라 할지라도 이 윤달을 이용하여 이장하는 것은 오랜 풍습으로 되어왔다. 우리의 묘제문화는 같은 성손姓孫들의 집단묘역이 많기 때문에 납골당조성이 가능하지만 개개인의 묘역을 이장해야 할 경우도 이 윤달을 기다렸다가 이장을 한다.

처서는 분명히 환절기의 분기선인 듯하다. 그래서인지 처서가 지난 모기는 입이 다 비뚤어졌다는 것이다. 그만큼 더위도 모기도 위세가 꺾였다는 비유인 것이다. 여하튼 절기는 거짓은 없을 것이라 생각하니 처서는 틀림없는 가을일 것이다. 옛날 이날이면 어머니들은 의농衣籠 속의 옷가지를 멍석에 널어놓고 햇볕에 말린다. 그것은 여름동안 습기로 옷에 끼어 있는 곰팡이를 제거하는 해마다의 포쇄曝灑로 반드시 처서 후에 있었다. 그리고 사랑방에서는 할아버지의 애지중지하는 책궤와 함께 마당의 멍석 위에 한적漢籍들이 포쇄된다. 이때 감자와 옥수수가 삶아져 나오고 할아버지는 손자들의 재롱에 시간을 잊고 포쇄에 열중한다. 이런 농촌의 서정이 처서 이후에 고추 말리기와 함께 집집마다 벌어진다. 옛날에는 초가지붕에 빨간 고추가 의례히 널리어 가을의 정경을 새롭게 했다. 그리고 들판의 논 가운데는 허수아비가 세워지고 논두렁에는 원두막을 겸하기도 하고 간이정자를 지어 놓고 새를 쫓는 줄을 당기면 달강달강

깡통소리에 새들이 도망가는 새보기 정경은 이제 꿈결 같은 옛이야기가 되어 버렸다, 그런 농촌의 낭만이 그립기만 하다.

한편 개울가에서는 청년들이 대소쿠리나 그물반도로 고기잡이를 한다. 미꾸라지, 송어, 중태기, 붕어새끼들을 잡아서 정자나무 그늘에 쉬고 있는 할아버지들에게 술안주로 올리면 그렇게 좋아할 수가 없다. 저녁이면 추어탕으로 더위를 쫓는 미각은 농촌이 아니고는 그 진미를 모른다. 밤늦게까지 모깻불의 연기를 마시며 주고받는 이야기는 날 새는 줄을 모른다. 지금은 농약을 너무 쓰기 때문에 참새들이 적어, 벼논의 새 쫓기 광경은 거의 없다. 처서處暑는 분명히 왔나 보다. 아침과 저녁으로는 제법 서늘하다. 그처럼 덥던 한여름도 한풀 꺾이고 가을이 왔다. 처서 앞에서 모기의 주둥이가 굽었다는 가을이 왔기 때문이다.

<2006. 8. 23>

6. 윤칠월潤七月

　　윤달이란 태음력太陰曆에서 날짜가 계절과 1개월의 차이가 날 때 조절을 하기 위해 두 번을 겹쳐지게 하는 달을 윤달이라 한다. 윤달을 흔히들 평년보다 한 달이 더 있는 달이라서 "공달"이라고도 한다. 그리고 윤달(음력)이나 윤일(양력)이 든 해를 윤년閨年이라 한다. 태양력太陽曆에는 지구가 태양을 한 바퀴를 도는데 365일 5시간 48분 46초가 걸리므로, 그 단수端數를 모아 4년마다 하루를 늘려(400년에 97일) 2월을 29일로 하였다. 태음력에서는 평년을 354일로 정해져 있으므로, 계절과 월력月曆을 조절하기 위해 5년에 두 번(3년 또는 2년에 한 번)의 비율로, 1년을 13개월로 하고 있다. 그래서 한 달이 덧붙었다 하여 윤달을 "군달" 또는 한 달이 공짜로 더 있다하여 공달로 불러 왔다.

    금년은 7월이 두 번으로 겹쳐진 해이다. 필자는 1973년의 7월을 대구에서 윤7월을 맞은 기억이 있기 때문에, 33년 만에 윤7월을 맞은 셈이다. 그때의 대구는 전국에서 가장 무더웠다. 친구 세 사람과 동화사 계곡으로 피서 갔다가 폭우를 만나 약 10미터를 떠내려가다가 나뭇가지를 잡고 겨우 살아난 사건이 있었으므로 그해의 윤칠월은 잊을 수가 없다. 더욱 작년의 9월에는 그때의 한 친구가 죽었다. 그를 조문 간 자리에서 남은 한 친구와 그때를 회고하면서 술에 취한 적이 있다. 그런데 지난달에는 남은 그 친구마저 죽었다. 세월과 나이는 어쩔 수가 없나 보다. 33년 만에 맞는 윤달은 보통의 길년吉年이 아니다. 3의 수數는 한민족이 가장 좋아하는 숫자數字이기 때문이다. 거기다가 3이 겹쳐진 33만에 맞는 윤달이기 때문에 전국의 윤달맞이 민속방액民俗防厄은 너무나 뜨겁다.

    동국세시기東國歲時記에 보면 결혼, 이사移徙, 건축, 이장移葬, 합장合葬 등의 큰일을 치를지라도 아무런 재액災厄이 없기 때문에 무슨 일을 해도 부작용이 없다하여 민간에서는 이 윤년을 기다린다. 특히 노인을 모시고 있는 집은 윤달에 수의壽衣를 장만하면 무병장수한다 하여 "죽음의 옷"을 준비하는 것이 자식의 도리인 줄로만 알고 있다. 필자의 경우도 자식들에 의하여 죽음의 옷壽衣을 준비한지 벌써 20여년이나 된다.

하나의 민속문화民俗文化는 좋게 계승할 것이 있고 없앨 것이 있다. 무병장수無病長壽한다는 말을 들은 자식들은 미신迷信인 줄 알면서도 그 습속習俗을 따르는 사람이 많다. 옷차림의 풍속은 많은 변화를 가져온 것이 현실이다. 차라리 수의壽衣도 현실에 맞도록 디자인을 바꾸어 장본인의 기호에 맞는 것으로 개조되어야 한다면 몰라도 일률적인 옛 수의를 본떠 만들고 있다. 과연 그 수의를 입고 갈 사람이 몇 사람이나 될지? 의문이 가지 않을 수 없다. 만약 입고 가지 않는다면 경제적으로 손실이 크다고 본다. 들건대 금년의 윤칠월은 특히 걱정스럽다는 것이다. 우리의 안동포는 물론 함평咸平과 한산韓山 등의 수의포壽衣布들은 도저히 구할 수가 없고, 심지어는 중국산의 삼베 값도 부르는 것이 값이라고 한다. 앞에서 말한 것처럼 겹쳐진 3의 길수吉數는 보통의 길년이 아니다. 그것은 단군신화의 가르침에 의하면 '천부인天符印三個, 삼위태백三危太伯, 솔도삼천率徒三千, 삼칠일三七日, 삼백육십오사三百六十五事' 등의 삼수三數개념은 한민족이 가장 좋아하는 삼자三字라면 가장 싫어하는 수자는 사자四字라는 것이다. 특히 "삼가르다(출산바라지)"의 "삼"

은 산산産의 의미이다. 곧 "삼신할미"는 산신産神할미이고, "삼칠三七"은 산모가 삼칠(21일)동안 바깥바람이 해롭다는 뜻이다. 그리고 아기는 반드시 3일 뒤부터 처음으로 목욕시키되 머리부터 아래로, 다음 3일은 아래에서 위쪽으로 반복한다는 내용이 태교胎敎에도 있다. 뿐만 아니라 3은 삼고三考의 의미와 삼세판三判勝이란 의미 등으로 보아, 한민족을 대표하는 "수"개념인 것이다.

이처럼 윤달의 행사 가운데 대표적인 것이 수의壽衣짓기와 묘소 이장하기임을 보아 내세來世에 대한 준비가 으뜸인 것이다. 그래서인지 윤달이면 광주廣州의 봉은사奉恩寺에는 서울(장안)의 여인들이 한 달 내 불공 들이는 발길이 끊이지 않았다는 것이다. 그렇게 하면 극락왕생한다는 고속古俗 때문이란 것이다. 한편 고창高敞에서는 윤달이면 남녀노인들이 다투어 성城밟기를 한다는 것이다. 그렇게 하면 반드시 극락에 간다는 것이다. 아무튼 윤달의 세시풍속은 재액災厄을 막기 위한 온갖 민속문화로 정착된 듯하다.

<2006. 8. 30>

7. 벌초伐草

    추석秋夕을 1주일 앞두고 거의가 다 벌초를 한다. 벌초란 조상의 묘소에 풀을 베는 것을 말한다, 경상도에서는 벌초라 하고 충청도에서는 금초라 한다. 추석을 앞두고 조상의 묘소에 자란 잔디 이외의 풀은 자라지 못하게 하는 것을 금초禁草라는 뜻인데, 그만큼 조상의 묘소를 정성으로 돌본다는 내용이고 보면, 경상도의 벌초보다는 금초라는 말뜻이 더 무게가 있다고 본다. 아무튼 벌써 금년에도 벌초 때가 되었다. 1년 동안 자라난 묘소의 풀을 깨끗이 베고는 추석을 맞는 자손들의 정성은, 그만큼 금년의 햅쌀로 빚은 술과 떡, 그 위에 햇과일로 진설陳設을 다 하여 제사를 모신 다음, 가족들과 성묘를 하려는 벌초의 성의誠意인 것이다. 그런데 이 벌초의 성의도 묘소의 원근遠近과 근친近親의 차이에 따라 그 성의가 달라진다. 옛 어른들은 명당明堂을 골라 묘소를 모셨기 때문에, 묘소의 원근은 문제시 하지 않았다. 그것도 5대조 이상의 집단묘역의 경우는, 자손이 많은 소문중小門中의 선산이므로 그 묘소는 절대로 묵지 않는다. 그런 묘소는 해마다 정해진 날에 어김없이 벌초를 하지만 그렇지 못할 경우는 묘가 묵어 때로는 묘를 찾지 못하는 경우가 많다. 그만큼 묘소는 원근에 따라 실묘失墓의 위험도 많다. 그것은 자손이 타향他鄕에 살거나 그사이 자손의 대수가 멀어졌거나, 또는 절손絶孫이 되었거나, 아니면 자손이 외국으로 이민을 갔기 때문에, 묘들이 묵는 예가 많은 것이다. 그래서 요즘은 납골당으로 모시는 경향이 있는가 하면 마을 단위로 결성돼 있는 벌초대자에게 의뢰하는 경우가 많다.

세상은 많은 변화를 가져왔다. 동시에 생각도 많은 변이變異가 왔다. 바로 가까운 조상이 아니고는 내 조상이 아닌 양 소원시疎遠視하는 생각의 변이가 그것이다. 추석이 되면 다른 묘소들은 깨끗이 베어지고 옆에 있는 누구의 묘소는 해마다 묵고 있다. 보다 못한 마을 청년들이 해마다 벌초나마 해주는 미담도 많다. 이런 현상을 어떻게 생각하면 좋을까.

그것은 위선爲先정신이 부족하기 때문이다. 어릴 때부터 부모를 따라 선산先山을 찾는 경험은 대단히 중요하다. 나의 근원根源이 바로 이런 조상이 계셨기 때문에 오늘의 내가 있다는 것을, 현지를 보고 항상 잘았기 때문이다. 그런 성장기를 보낸 사람이면 아무리 객지에서 살거나 아무리 외국에서 산다고 할지라도 결코 그의 조상의 묘소는 묵히거나 실묘하는 불행은 없을 것이다. 이는 책과 스승으로부터 배우는 교육보다도 더 중요하기 때문이다. 그러므로 부모 된 자는 자주 고향의 친척을 찾게 하거나 길흉사에 참석케 하는 것이 무언의 교육인 것이다. 요즘 핵가족문화는 삶의 질을 만끽하는데 있다면, 한 두 사람의 자녀가 가장 이상적이기 때문이었다. 그렇게 되고 보니 금지옥엽으로 키운 자식인지라, 험한 산길이라서 차마 벌초 동행을 하지 않은 것은, 진정한 의미로 자식 사랑이 아니다. 우리의 전통적인 벌초문화가 지속되기 위해라도 그러하지만, 내 자신의 뒷날을 위해서라도 반드시 벌초에 참여시켜야 한다.

우리의 제사문화가 사대봉제사에서 삼대봉제사로 바뀌었다. 가풍家風에 따라 삼대 이상의 조상은 시제時祭로서 10월(음력)에 묘사墓祀로 대신 한다. 곧 벌초는 이 묘제를 위해 반드시 행하는 것이다. 온 산천은 짙은 녹색의 일원이다.

거기에 점점이 찍어 놓은 공간은 벌초가 표현한 가을의 화폭이다. 이런 원근의 변화는 추석이 멀지 않았다는 것이다. 만산이 홍엽紅葉으로 변하면 가을걷이가 온다. 그처럼 풍만하던 대지는 낙엽이 지고 텅 비인 들판은 눈이 쌓이는 절기다. 그 절기가 지나면 해가 바뀌는 설 명절이 온다. 봄을 알리는 한식寒食이 오면 또 한 번 성묘省墓를 한다. 그것은 겨울에 혹시나 묘소가 훼손되지나 않았을까 하는 성묘인 것이다. 곧 가을의 벌초는 햅쌀을 조상에게 올리는 추석에 앞선 성묘이고, 한식 전후의 성묘는 해가 바뀐 뒤의 명절 인사를 겸한 성묘인 것이다. 그래서 성묘는 자주 할수록 좋지만, 최소한 두 번은 성묘를 해야 한다는 것이다. 가을의 벌초는 초목으로 우거진 묘소 가까이의 나무뿌리와 풀뿌리를 베지 않으면 그 뿌리가 유해遺骸를 감쌀 우려가 있기 때문이고, 한식 전후의 성묘는 겨울에 묘소의 석축 등이 혹시 무너지지나 않았을까 하는 염려 때문이다. 우리의 유속遺俗 가운데 벌초伐草의 의미는 이같이 중요한 것이다.

<2006. 9. 6>

8. 백로白露

지난 8일은 24절기 가운데 하나인 백로白露이다. 백로란 절기는 희고 맑고 영롱玲瓏한 이슬이 내리는 서늘한 가을이다. 이처럼 서늘한 절기가 되기까지 벼의 이삭이 고개를 숙이지 못하면 그 벼는 미숙未熟으로, 실농失農이라는 속설이 있다. 그만큼 완연한 가을이라서 아침저녁으로 춥기 때문에 벼꽃이 피지 못한다는 것이다. 자고나면 풀잎마다 이슬망울이 맺혀 있다. 그 이슬은 찬란하고 영롱한 빛을 발산하다가 햇빛과 함께 굴러 떨어지고 만다. 그리하여 초로인생草露人生이란 말로 옛사람들은 인생은 자연에 비해 너무나 짧다는 것으로 비유하고 있다. 그런 계절과 이슬의 영롱함은 벼 밭보다 더 영롱한 곳은 희고 청순한 메밀꽃의 아름다움이다. 그 넓적한 잎 새에 고여 있는 이슬의 영롱함은 흰 꽃과 함께 더욱 찬란하다. 눈을 멀리 돌려 묏등을 보면 그것은 붉게 피어 있는 백일홍의 아름다움이다. 옛 어른들은 선산先山에 백일홍百日紅꽃 나무를 심어서 묘역을 꾸미려는 것은, 그 꽃이 오랫동안 피고지고 하기 때문이란 이유도 되겠지만 그보다는 산신山神들이 좋아하는 꽃이란 설이 많다. 그래서인지 민가에서는 백일홍 심기를 꺼린다. 여하튼 온통 푸른 산천에 붉은 백일홍 꽃은 묘역이란 표지의 꽃이기도 하다. 또한 사당祠堂, 재실齋室, 서원書院에도 백일홍이 만개되어 있다. 요즘의 백일홍은 꽃 색도 다양하게 개발되어 있다. 며칠 전에 부산 노포동에서 울산으로 오는 도로가에는 붉고 흰 백일홍이 피어 있었고, 또한 박제상 사당에도 자주색과 빨간색의 두 종류가 피어 있어, 이제 백일홍이 단색의 꽃이란 말이 없어지게 되었다.

가을은 풍요로운 계절이다. 논에는 벼가 누렇게 익어가고 있으며, 밭에는 콩과 팥과 들깨들이 주렁주렁 열매를 달고 있다. 추분秋分, 한로寒露, 상강霜降이 지나면 단풍이 지고 온 들판은 텅 비고 만다. 그런 절기가 지나기 전인 지금의 백로라는 절기는 한없이 좋은 절기이기 때문이다. 아침과 저녁은 다소 서늘하지만 낮이면 벼가 익기에 알맞은 햇빛으로 따스하기 때문이다. 그런데 그처럼 요란하게 울던 매미소리는 없어졌다. 대신에 밤이면 귀뚜라미 소리와 풀벌레 소리로 요란하다. 그중에도 여치와 메뚜기의 울음소리는 가을밤을 한결 그리움으로 잠 못 이루게 한다. 멀지 않아 벼 베기가 시작되면 메뚜기 잡기로 도시에서 많은 사람들이 찾아 올 것이다, 그것은 그만큼 유기농법을 위주로 하는 이곳의 농촌이기 때문이다. 더욱이 필자는 아침마다 풀밭을 밟으며 아침 운동을 한다. 벼이삭에 뛰고 있는 메뚜기는 아직 어리다. 동시에 풀밭의 방아찧기 메뚜기도 아직 어리다. 이들은 주로 아침이슬을 먹고 자란다. 그래서 가을 메뚜기는 사람들의 구미를 돋우게 한다. 메뚜기를 잡아 긴 피 이삭에 꿰어 모으면 제법 몇 꾸러미가 된다. 그것을 기름간장에 튀겨서 맥주 안주로 하거나 밑반찬으로 보관하는 어머니 생각이 새삼 그립다.

가을의 상징은 무엇보다 화단과 도로가에 핀 코스모스이다. 동시에 초등학교마다 가을운동회 준비가 한참일 것이다. 운동장엔 만국기와 흰줄을 그어 놓고 뛰고 달리기에 학생과 학부모가 한패가 되어 온종일 목이 터져라 외치는 응원소리에 목도 쉬었던 그때가 새삼스럽게 그립다. 멀지 않아 추석秋夕이 온다. 금년은 윤7월이 있어, 벌초에도 덥지 않았고 또 햅쌀로 제사祭祀를 지낼 수가 있어 다행이다.

햅쌀로 제사를 지내지 못하면 중구일(9월 9일)에 제사를 모셨다. 그리고 역시 가을은 미꾸라지 잡이가 재미이다. 호박잎을 넣고 추어탕을 끓여먹는 농촌의 정취는 먹어 보지 않고는 그 맛을 모른다. 모깃불을 피워 놓고 눈물을 흘려 가며 먹는 맛이라야 추어탕의 참맛이기 때문이다.

오는 23일이면 추분秋分이다. 이날은 낮과 밤의 길이가 꼭 같은 날이다. 이날 이후부터는 밤의 길이가 길어져 동지冬至날에 절정을 이룬다. 그리고는 하지夏至까지 낮의 길이가 길어진다. 요즘 자연산 송이松栮가 날 때가 되었다. 10월 6일이면 추석秋夕이다. 성묘 길에 송이를 발견했던 옛 생각이 난다.

<2006. 9. 19>

9. 추분秋分

추분은 24절기 가운데 낮과 밤의 길이가 꼭 같은 날이다. 곧 음력으로 8월 2일이고 양력으로는 9월 23일이다. 추석秋夕이 13일 남았다. 어쨌든 오늘부터 밤의 길이가 동지冬至까지 길어졌다가 동지 이후부터는 낮이 길어진다. 춘분春分이면 또 낮과 밤의 길이가 꼭 같다가 하지夏至까지 낮의 길이가 가장 길다가 다음날부터 낮이 차츰 짧아진다. 그래서 농촌에서는 반드시 음력 절기에 따라 농사를 짓는다.

추분은 시차時差의 분계分界를 뜻하는 의미의 추분과 춘분의 글자임이 틀림이 없다. 그래서 시장에 가면 햇배와 사과에 햇밤과 대추가 나와 있고, 추석 무렵이면 감도 나올 것이다. 또한 햅쌀은 물론 찐쌀이 나와 있어 구미를 당기게 한다. 추석의 성묫길에서 산머루와 다래와 으름과 물 포구를 따먹던 재미는 시간을 잊어버리게 했다. 그런데 요즘은 산에 숲이 너무 짙어서 빨갛게 익은 물 포구는 보이지 않았다. 그리고 머루와 다래들도 사다리가 없으면 따먹기가 어려웠다. 그보다도 독사에 물리거나 말벌에 쏘이는 희생자가 많다고 하여 함부로 접근을 못한다. 산열매도 좋지만 역시 산은 조심해야 한다. 아마 시장에 나오는 산열매들은 전문인들이 따서 팔고 있는 듯 싶었다.

중국의 송나라 때의 학자 맹원로孟元老의 동경몽화록東京夢華錄에 의하면 입추立秋 후 다섯 번째 갯날戌日인 곧 9월 30일에는 추사秋社라 하여 이날이면 돼지고기 양고기를 넣어 만두를 빚고 내장과 장기臟器와 오리고기로 요리를 만들고, 또한 떡과 술을 빚어 생강 및 온갖 과일을 갖추어 귀한 손님에게 정성껏 대접하는 풍속을 사반社飯이라고도 했다는 기록이 있다. 우리나라에서도 추석명절을 앞둔 음력 7월 그믐날이면 햅쌀로 술과 떡을 빚고 햇과일과 함께 딸 둔 신행 전의 안사돈집이면 반드시 바깥 사돈집에 세찬을 보냈다. 그런 풍속이 요즘에 와서는 명절을 앞두고 사돈이나 친구에게 선물이나 티켓을 보내는 것으로 간소화 되었다. 이런 미풍양속이 정도가 지나치면 지금은 뇌물로 오인되어 사회적인 물의가 되기도 한다.

요즘 농촌에서는 고추말리기와 김장채소농사에 일손이 바쁘다. 시간이 나면 할머니 할아버지들이 바닷가에 나들이하여 전어회를 즐기는 일일관광을 아들이나 청년들이 주선하는 미풍은 참 좋은 것으로 자리 잡고 있다. 계절마다의 별미別味가 있지만. 전어회는 가을의 미각을 돋우기 때문에 바닷가를 찾게 한다. 그리고는 집에 남은 젊은 아낙네들은 호박떡을 구워 아이들의 간식으로 먹이는가하면 부추에 매운 고추를 넣어 전을 부쳐서는 지아비에게 술안주로 상을 차리는 소박하고 순수한 사랑의 정경은 농촌이 아니고는 아무도 모른다. 뿐만 아니라 농촌이 아니고는 그런 광경을 볼 수가 없다. 이것이 농촌의 삶이요 진경珍景이다.

가을은 아무래도 풍성하다, 벌초를 끝낸 묘소들이 깨끗이 단장이 되었다. 이것이 계절의 변화인가 보다. 문득 산행이 하고 싶었다. 간단한 옷차림으로 치술령鴟述嶺 쪽으로 발길을 옮겼다. 지금 설악산 쪽에는 단풍이 든다는데 여기는 온통 짙은 청록뿐이다. 멧새들의 울음소리는 산행 길을 멈추게 한다. 특히 산비둘기의 울음소리는 애련하다. 짝을 그리는 안타까움이 있어 어쩐지 혼자 걷는 산행 길을 외롭게 한다. 쉬엄쉬엄 걷다보니 깊은 숲속으로 들었다. 이름 모를 버섯들이 많다. 알고 있다는 게 송이와 싸리버섯 뿐이니 혹시나 하여 열심히 살폈으나 도무지 보이지 않았다. 예부터 "송이 밭은 자식에게도 가르쳐 주지 않는다"는 말이 생각이 난다, 요행을 바라는 생각부터가 잘못이란 생각이 들어 즉시 발길을 돌렸다. 가까이에서 까마귀의 울음소리가 들렸다. 마을에서도 들을 수 없는 까마귀 소리라서 머리끝이 섬뜩하였다. 속설에 까치가 울면 손님이 오고 까마귀가 울면 불길하다는 생각이 떠올랐기 때문이다. 등에서 식은땀이 흘렀다. 넘어지고 미끄러지면서 겨우 산등선 길을 찾고서야 안도의 숨을 돌렸다. 땀이 흠뻑 젖었다.

　마을 가까이 내려왔다. 마음의 여유가 생겼다. 밤나무 아래로 갔다. 떨어진 알밤을 줍기 시작하였다. 양쪽 등산 조끼에 제법 불룩해졌다, 그런데 상수리인 도토리과는 아직 떨어지지 않았지만 땅에 닿을 듯 작은 키의 굴밤은 흐르고 있었다. 일제 말기에 저 굴밤을 삶아 우린 다음에 그것을 밥에 섞어 먹었던 생각이 났다. 지금이야 누가 그런 밥을 먹으랴, 다시는 혼자서는 산행은 말아야지 ….

<2006. 9. 26>

10. 한가위嘉俳節

　　추석을 중추절仲秋節이라고도 하고 한가위 또는 가배절嘉俳節이라고도 하는데 이는 신라 유리왕 9년에 육부촌六部村의 부녀자를 7월 기망(16일)에 모아 두 패로 나누어 놓고는 두 왕녀께서 책임지고 길쌈하기(베짜기 등) 경쟁을 8월 15일까지 시킨 다음, 그 결과를 반드시 왕과 왕비와 문무백관이 지켜보는 앞에서 그 사이에 짠 베로 하여금 질과 양으로 가려, 발표하는 날을 가배嘉俳→가위/ 가배일嘉俳日→가뱃날(가윗날)→한가위로 표현되고 변이된, 순수한 우리의 추석날을 말한다. 추석秋夕은 저무는 가을이란 뜻이고, 중추中秋란 가을의 한가운데라는 뜻이고, 한가위嘉俳節는 한가운데의 가을이란 뜻이 곧 "추석·중추·한가위"라는 다칭多稱의 명칭이 붙게 되었다. 이날을 맞아 베 짜기에서 진 쪽은 이긴 쪽에게 술과 안주로 대접하면서 회소곡會蘇曲과 춤으로서 상대편을 즐겁게 하였다. 그 즐거운 놀이판의 분위기가 양 쪽이 한 덩이가 되면 강강수월래를 부르면서 육부촌 전체가 달 밝은 보름밤을 놀이로서 지새웠다고 한다. 그런 유래의 풍속이 우리 민족고유의 민속으로 정착된 것이다.

이 명절을 맞으려면 먼저 조상의 묘소에 벌초한 다음에 추석을 맞고자 햅쌀과 햇과일을 장만한다. 햅쌀이 준비되면 반드시 제미祭米로서 먼저 가신家神인 신주단지의 쌀을 교환을 한다. 이날을 제미날祭米日이라 한다. 이 제미祭米를 위해 삼일 전부터 사립에 솔잎을 새끼에 엮어 금줄을 치고, 주부主婦는 반드시 목욕재계한 다음 제미일祭米日의 빌손(拱手)을 마친다. 이날 주부는 작년의 제미단지 쌀의 색깔과 양이 부풀 수도 있고 줄어 들 수도 있다는 것이다. 이를 본 주부는 금년의 벼 수확을 점쳤다고 한다. 그리고 작년의 제미 쌀로서 백설기를 해 먹는 등의 빌손을 마친 다음이라야 추석맞이의 햅쌀로 쓸 수가 있었다. 지금도 농촌이나 도시의 일부에서는 신주단지를 모시고 있는 풍속이 전승되고 있다. 이런 가신숭배는 일본에 정착되어 중요한 일본인의 생활문화로 자리 잡고 있다.

지금 농촌에 가면 집집마다 햅쌀을 장만한 흔적이 잘

익은 논의 한 쪽 귀퉁이가 베어져 있다. 곧 추석준비가 시작된 것이다. 추석은 햅쌀로서 술을 빚고 송편을 만든다. 이 송편의 소에 쓰는 자료도 반드시 햇팥 햇밤 햇대추 햇감 등으로 넣어 송편 빚기 솜씨경쟁이 벌어진다. 송편이 곱고 예쁘면 좋은 신랑과 예쁜 아이를 낳는다는 할머니의 말에 어린 고사리 손의 경쟁이 치열 하고 웃음꽃이 벌어진다. 이런 추석빔이 벌어질 날도 며칠 남지 않았다. 특히 금년은 징검다리 연휴가 끼어 일주일 정도의 추석을 보낼 수가 있어서 온갖 꿈을 안고 구경길이 시작 되었다. 우리는 해마다 설과 추석의 이 대명절은 적어도 1000만 명 이상 민족대이동이 벌어지는 축제이기도 하다. 명절은 역시 아기들이 가장 기다려지는 날이다. 곱게 지어준 때때옷을 입고 할아버지 할머니에게 절을 하는 즐거운 날이기 때문이다.

추석날 아침 온 가족이 한 집에 모여 조상의 지방紙榜 앞에 경건한 제사를 지낸 다음 성묘省墓 길에 오른다. 차려 간 음식을 묘소에 진설해 놓고 성묘하는 우리의 성묘문화는 민족적인 긍지로 자부하는 것이다. 그것은 조상을 숭배하는 우리의 전승문화이기 때문이다. 세상은 많이 바뀌어 연휴를 해외여행으로 즐기는 사람이 많아졌다는 것이다. 물론 사람마다 취향이 다르고 경제적인 여유가 있어서 그러하겠지만 적어도 지방마다 지역마다 다른 놀이문화를 관람하는 여행을 즐기는 방향으로 바꿔야 한다고 본다. 금년에도 어김없이 거북놀이, 소맥이놀이, 줄다리기, 지신밟기, 사자놀이 등이 진행되고 있기 때문이다. 또한 전국 천하장사 씨름대회와 온갖 운동경기의 방영이 있기 때문에 굳이 해외에서 외화를 낭비하는 염치없는 행동을 삼가고 경건한 추석명절을 보냅시다.

<2006. 10. 4>

11. 한로寒露

한로는 추석이 지난 이틀 뒤인 17일이다. 양력으로는 10월 8일이다. 한로는 글자 그대로 차가운 이슬이 내린다는 절기이다. 아침저녁으로 추워서 두텁고 긴소매 옷을 이고 난다. 그러니 설악산의 대청봉은 서리가 내릴 것으로 생각한다. 그리고 단풍은 지금쯤 어디까지 내려 왔을까? 아침에 이슬 밭을 나가면 풀잎마다 이슬망울이 햇빛에 영롱하다. 옛날 할머니께서 이 이슬을 받아 젖먹이의 약을 개어 먹이는 것을 보았고 또한 어느 날은 이슬을 한 세숫대야쯤 받아 오시더니 탄약을 다리는 물로 쓰셨다. 아마 할머니의 정성을 보아서도 약효는 틀림이 없을 것이다. 그리고는 가끔 이슬로 고모의 머리와 얼굴을 씻기는 것을 본 적이 있다 그 후로 얼굴의 버짐이 없어지고 머릿결이 고와졌음을 볼 수 있었다. 그 고모님은 지금도 고운 백발의 할머니이시다. 틀림이 없이 농촌의 이슬은 화학적으로도 좋을 것이다. 아마 할머니께서도 이슬로서 병을 고쳤다는 무슨 말씀을 들으셨기 때문이었을 것이다. 필자는 추석을 맞은 제사상 머리에서 허리 굽으셨던 할머니의 얼굴이 떠오른다.

아직 추석의 분위기로 이어지는 놀이행사가 많다. 그래서 못다한 추석절 이야기를 더 해야겠다. 옛날 당唐나라 문종 때(827~840) 입당入唐한 수도승修道僧인 원인圓仁이란 일본인이 쓴 입당구법순례행기入唐求法巡禮行記에 의하면 그때 "산동지방에 머무르고 있는 신라인들만이 8월 15일에 독특한 명절놀이를 하였다. 그곳 노승老僧의 말에 의하면 이날이 신라가 발해渤海와 싸워 크게 승리勝利한 기념일記念日이기 때문에 이날을 명절名節로 삼아 백성들은 온갖 음식을 만들어 먹고 가무歌舞로서 놀았다. 이 절寺 역시 신라인의 절이므로 자기들의 조국祖國이 그리워서 팔월 보름을 명절날로 하였다고 한다"고 『한국민속문화대사전』하권, 1814쪽에 기록되어 있다. 이로 보면 추석절의 유래는 발해국과의 전쟁승리 기념일을 명절로 한 것이고, 명절 역시 중국의 전래가 아닌 우리 고유의 한가위가 아닌가. 이를 보면 기록문화의 중요성은 이처럼 중요한 것이다. 이 유래담이 명절날 아침에 화제가 되었다. 동시에 그 때의 놀이가 어떤 것이었을까? 라는 화제도 나왔다. 동국세시기東國歲時記의 추석秋夕란에 기망旣望(16일)부터 호서湖西에는 각력角力(씨름), 제주濟州에는 망일望日(15일)에 대색大索(줄다리기)과 추천鞦韆(그네)뛰기가 있었다는 기록이고 보면 씨름과 줄다리기는 승부놀이고, 널뛰기, 그네뛰기는 회락喜樂이며, 영고迎鼓, 동맹東盟, 무천舞天, 천군天君 따위의 제천의식祭天儀式은 축제문화祝祭文化 내지 민속문화로 오늘날에 변이되고 정착되었을 것으로 추리推理하자, 듣고 있던 동생들과 손자들이 이번 추석은 참 유익했다고들 하면서 동생이 술잔을 권하기에 연거푸 몇 잔을 마시고는 행장을 꾸려 차편에 올랐지만 한로寒露 이야기가 추석이야기로 이어지는 결과가 되고 말았다.

요즘의 명절은 젊은이가 귀향하는 것이 아니라 늙은이가 역행逆行하는 사람이 많다고들 하니, 우리 내외도 어쩔 수 없이 역행한지 두해가 되었다. 그러나 이제 그것도 싫어졌다. 내년부터는 제사祭祀도 성묘省墓도 다 자식들에게 일임하기로 하였다. 차창 밖으로 보이는 들판은 벼들이 경상도의 들판 보다 누렇다. 가을걷이는 위에서 아래로 내려온다는 말이 실감났다. 그리고 울산보다 북쪽인 서울의 기온에서 한로라는 절기를 실감했다.

경주를 지나 언양彦陽 못 미쳐 두동斗東이란 두메산골은 울주군의 북단에 있다. 울산의 나들이는 아침에 버스를 타고 나가면 저녁 답에 들어오는 버스뿐이다. 여기에 적응하여 생활 한지 벌써 5년이나 되었다. 고향은 울산 북구로 편입되었기 때문에 일부러 이 두메산골을 택한 것이다. 오랜만의 명절나들이를 마치고 돌아오는 길목엔 메밀꽃이 청아하고 아름답게 맞아 주었다. 여름새가 울고 까마귀도 울고, 콩잎과 팥잎은 누렇다. 그것은 서리가 내려서가 아니라 한로寒露라는 차가운 이슬이 내렸기 때문이다. 누런 콩잎을 따는 겨울 반찬꺼리를 준비하는 아낙네, 멀지 않아 콤바인이 벼 베기에 들어가기 위해 물 빼는 도기를 치고 있는 남정네, 치술령을 등산하고 돌아가는 자가용들이 질주하는 명암明暗이 있는 곳이 이곳 두동이란 농촌이다.

아침이슬은 역시 맑다. 이 맑은 이슬을 먹고 뛰는 메뚜기들이 제법 컸다. 이 메뚜기를 잡기 위해 도시의 젊은 아낙네들이 모여들면 농촌의 들판은 벼 베기로 바빠진다, 그러나 아직은 가을이다. 하늘은 높고 맑다. 아직 벌초를 못한 사람은 산을 찾았다가 송이를 따서 내려온다. 알고 보니 벌초를 늦춘 이유를 알았다. 그들만이 알고 있는 송이를 따는 일거양득을 노린 것이다. 치술령 일대에 송이 밭이 있어

제법 재미를 보는 사람이 많은 모양인데 우리 같은 사람은 송이의 냄새도 맡을 수가 없다. 상강霜降 이전의 한로寒露의 절기는 가을 가운데서 가장 가을다운 절기로서 만상이 풍만하고 하늘 또한 맑기 때문에 상강霜降이 늦을수록 좋다.

<2006. 10. 9>

12. 상강霜降

절기는 못 속인다는 말이 있다. 오늘이 상강이다. 옛 어른들께서 하시는 말씀에 이름이 있는 날은 반드시 그 표시를 낸다고 하셨다. 강릉지방에는 280미리의 폭풍우와 함께 기온이 급강하여 설악산 대청봉에는 눈이 내렸다. 250여 명의 등산객이 산장에 갇혀 있다고 한다. 더욱 안타까운 것은 지난번의 폭우로 수해피해가 많은 양양, 강릉지역에 다시 폭우가 쏟아져 그 피해야 말로 엎친 데 덮친 격이 되고 말았다. 그리고 눈이 내렸다는 것은 산간에서는 벌써 얼음이 얼었을 것이니, 갑자기 급습한 추위에 어려운 서민층이나 노약자들의 월동준비가 걱정이다.

상강은 서리가 내린다는 절기이다. 금년은 단풍구경도 못하고 벌써 서리가 내리면 어쩌나 하는 생각이 앞선다. 서리라는 물기가 얼마나 독하기에 나뭇잎이 서리만 맞으면 우수수 떨어지기 때문이다. 그래도 기후는 식전만 추위를 느꼈지 낮에는 더워서 상강의 절기가 올 줄을 몰랐다. 이제는 들판의 벼 베기가 한창이다. 하루가 다르게 논바닥이 텅 비기 시작한다. 그러나 나뭇잎들은 아직 푸르다. 논두렁에서는 도시의 아낙들이 메뚜기 잡이에 한참이다. 감나무의 감은 붉다. 그리고 홍시가 되어 땅에 떨어져 뭉개져 있다. 혹 풀밭에 떨어진 홍시는 손으로 닦아 먹으면 달고 맛있다. 멀지 않아 서리가 내리면 감잎은 다 떨어지고 감만 남아 있을 때라야 추위가 온다고 느끼곤 했는데 금년의 상강은 뜻밖의 추위로 전국을 놀라게 했다. 하기야 배추는 벌써 알을 배고 무 뿌리가 굵어지는 것을 보니 겨울은 멀지 않았나 보다. 시장에 가면 빨간 사과가 입맛을 다시게 한다. 지금을 가을이라 해야 할는지 겨울이라 해야 할는지 도무지 분간을 할 수가 없어 어리둥절해 진다. 그런 절기를 느끼게 하는 것이 상강이라는 절기인가 보다.

철따라 계절의 변화가 물 흐르듯 변하지만 가을처럼 자연의 신비함을 느끼게 하는 계절은 없을 것이다. 산에 가면 멧새들의 울음이 있고 들에 가면 벼가 벨 때가 늦었다. 벚나무, 감나무, 단풍나무들은 제법 색채를 띠어가고 있다.

길가에는 갈대, 억새, 싸릿대, 수숫대, 들국화 등의 가을꽃들이 바람에 흔들거리고 있다. 개 짖는 소리, 소 울음소리, 닭의 울음소리 등 새소리들은 시골이 아니고는 들을 수가 없을 것이다. 집 앞의 2차선 도로가를 나가 보았다. 두꺼비, 황소개구리, 독사, 꽃뱀(너불때), 능사 등이 차바퀴에 깔려 죽어 있다. 분명히 추위가 닥칠 모양이다. 그들이 동면에 들기 위해 도로를 건너다가 그만 바퀴에 깔려 죽은 것들이다. 이런 광경은 도시에서는 도저히 볼 수 없는 현상일 것이다. 그러므로 상강이란 절기는 사람이나 동물이나 미물들 할 것 없이 겨울 채비를 하라는 암시인 것이다. 달력에 기표된 24절기를 함부로 생각할 것이 아님을 느끼게 한다.

울산에는 "경남의 알프스"라는 별명이 있는 신불산, 가지산, 고헌산이 있다. 지금은 춥지도 덥지도 않는 때라 등산객들이 많다. 이 산의 정상에 올라 울산의 시가를 바라보면 태화강의 발원지가 바로 이 신불산과 가지산임을 알 것이다. 십리 대밭을 끼고 흐르는 도도한 물결은 이 신불산과 가지산의 수다한 계곡에서 쏟아지는 물줄기가 태화강을 형성했다고 보면, 이 신불산과 가지산이 얼마나 크고 웅장한지를 느끼게 될 것이다. 언양 자수정 광산을 구경하고 간월봉의 폭포수에서 목을 축이고 나서 배냇골에 오르면, 넓은

평원에 펼쳐진 억새밭은 보는 사람마다 야호 소리로 입이 벌어지고 가슴을 크게 펼쳐 보일 것이다. 한참 쉬었다가 억새밭 속으로 난 산길을 따라 쉬엄쉬엄 오르면 등산의 참맛을 알게 될 것이다. 하늘 높이 나는 독수리와 까마귀의 울음소리에서 한없는 가을을 만끽할 것이다. 억새꽃을 흔드는 산바람은 더 할 수 없는 감미로움을 느끼게 한다. 도시의 공기와는 너무나도 다르기 때문이다. 땀을 씻으며 다다른 곳이 한 채의 가게이다. 거기서 오골계 백숙과 동동주 한 사발을 마시는 맛은 천하를 다 얻은 것으로 느껴 질것이다. 얼마 안가서 신불산의 정상에 오를 수가 있다. 아래를 조망하면 삼랑진, 물금, 구포가 한 눈에 들어온다. 다시 거기서 가지산으로 발길을 옮기는 사람은 거의가 젊은 학생들뿐이다. 대개가 하산한다. 용기를 내어 가지산에 오르게 되면, 밀양으로 이어지는 도로가 보이고 그 도로 끝이 바로 밀양인 것이다. 그길로 하산하여 얼음골 사과를 맛보게 되면 비로소 사과의 진미를 알 것이다. 상강의 계절은 이래서 좋다.

<2006. 10. 31>

13. 중구일重九日

예로부터 이날을 구일九日, 중구일重九日, 중양절重陽節이라 불러 왔다. 구九는 양수陽數의 극극이라 했다. 이 구九가 겹쳐졌다 하여 중구重九라 했다. 열 두 달 가운데 중삼重三과 중구重九만을 예부터 이름 있는 날로 불러 왔다. 곧 3월 3일과 9월 9일이 그것이다. 특히 우리나라에서는 햅쌀이 나지 않는 늦절기면 추석제의秋夕祭儀를 이날에 지내왔다. 왜냐하면 반드시 햅쌀과 햇과일을 제수祭需로 써야 했기 때문이다. 그런 풍습이 사당祠堂이나 서원書院에서는 구월향사九月享祀로 정착되었다고 본다. 지금 서원에서는 이날을 향사일享祀日로 하고 있는데 이는 양기존중陽氣尊重의 신앙적 풍습이 더 가중되어 이날로 고착固着되었다고 본다. 그 위에 이날은 반드시 채국採菊과 등고登高로서 마음껏 양기를 흡수했다. 곧 들에 나가 황국黃菊을 꺾어다가 술을 빚고 꽃잎을 넣어 찰떡을 해 먹었다. 또 한편에는 산에 올라 가을 단풍을 완상했다는 것이다.

『서경잡기西京雜記』에 의하면 한무제漢武帝 때 궁녀들이 아꼈던 노리개와 난초를 팔아서 떡을 빚어 먹었다 하여 구일식九日食이라 했으며, 또한 맹원로孟元老의 『동경몽화록東京夢華錄』에 의하면 배梨, 유자柚子, 석류石榴, 해송자海松子를 우린 국물에 꿀을 넣어 화채花彩를 만들어 먹는 전통음식으로 이웃과 함께 즐겼다고 한다. 그리고는 등산과 국화를 완상했다는 것이다. 이로 보아 중국에서 행했던 중구절重九節의 명절이 우리의 민속에 전이轉移된 듯한데 우리나라에 와서는 명절까지는 정착되지는 못했다.

홍석모洪錫謨의 『동국세시기東國歲時記』에 의하면 이날 서울에서는 집에서 준비해 간 음식을 남산이나 북악산에 올라 놀이하며 먹었다는 고속古俗이 있다. 또, 청풍계靑楓溪, 후조당後凋堂, 남산南山, 북한산北漢山, 도봉산道峰山, 수락산水落山에 올라 단풍놀이로 즐겼다는 것이다. 김매순金邁淳의 『열양세시기洌陽歲時記』에는 국화와 단풍이 들면 사대부가의 여인들이 봄철의 화류花柳놀이처럼 유상遊賞하는 것을 사대부들이 오히려 권장했다는 것이다. 또한 사대부들은

산에 올라 시부詩賦로서 서로의 감정을 화답和答했다는 것
이다. 이런 유풍儒風이 지금도 풍국楓菊을 운자韻字로한 시
회詩會가 경향 각지에서 성행되고 있음도 우연은 아닐 것이
다. 이를 뒷받침하는 글은 최남선의 『조선상식』에 보면
"진역震域에서 중구일을 숭상한 것은 신라이래의 문헌에서
살필 수 있으니, 임해전臨海殿 혹은 월상루月上樓에서 임금
과 신하가 함께 창화唱和한 자리를 해마다 설연設宴 한 듯
하며 고려를 내려와서는 중국의 문화생활이 점차적으로 침
투하여 중양重陽의 연향宴饗이 나라의 전범典範으로 토착화
하였다"고 기록되어 있다. 또한 같은 책의 글 가운데 조선
세종 때에는 중삼重三과 중구重九를 명절로 정했고, 성종 때
에는 중추절仲秋節에 행했던 기로연耆老宴을 이날로 설정했
다는 것이다. 일반 민속에는 이날 국화로 전을 부쳐 먹기도
하고 화채花菜를 만들어 조상에게 다례제茶禮祭를 지냈다고
한다.

위에서 본 제 기록에서 중구重九는 예부터 조상들이 명
절처럼 숭상한 것은 사실이다. 요즘에 와서는 옛날처럼 크
게 중시되지 않고 있지만 만추晚秋가 주는 계절의 아름다움
에 그냥 몰입하지 않고 향사享祀로 받들면서 자연을 완상하
되 시회로서 시심을 연마하는 조상들의 지혜는 배울 것이

너무나 많다. 국화를 꺾어다가 술을 빚고 떡을 만들고 화채를 만들어서 계절의 미각을 서로가 음미하는 놀이문화는 아무리 생각해도 동양인 특유의 유희본능이 그대로 행동으로 표출되었던 것이 중구重九의 고풍이 아니었나한다. 그것은 국화菊花와 단풍丹楓은 우리나라처럼 고운 곳은 없기 때문에 들을 찾고 산을 찾아 시를 읊어 흥유興遊하고 산행山行으로 심신을 단련했던 것이다. 이미 상강霜降에서 예고하였듯이 울산에도 중구일에 서리가 내렸다.

<2006. 11. 3>

14. 입동立冬

입동이란 글자 그대로 추위가 시작 된다는 뜻이다. 내일 은(양11/7, 음9/17)이 바로 입동이다. 입동이라는 이름이 있는 날은 반드시 그 흔적을 남긴다는 어른들의 말이 있다. 오늘 의 기상예보에서 비온 뒤에는 반드시 추워진다고 했다. 그 리고 대관령과 서해안에는 첫눈이 내린다고 했다. 과연 일 기예보대로 울산의 낮 온도가 15~18도로 제법 차갑다. 어 쨌든 이제부터 소설小雪, 대설大雪, 동지冬至, 소한小寒, 대한 大寒의 절후가 다가오는 낙목한천落木寒天의 추위가 올 것은 분명하다. 어제 서울에서 학회참석을 마치고 돌아오는 차 창 밖의 은행잎이 노랗게 물들어 있었다. 그러나 추풍령 이 남은 아직 파랗게 원색을 지니고 있었다. 추풍령의 경계로 한 남북은 언어도 풍속도 기후도 차이가 있다는 말만 들었지 기후의 차이를 느낀 것은 어제가 처음이었다.

농촌은 지금 벼 수확이 끝날 무렵이고 밭보리는 벌써 싹이 돋았지만 논보리는 지금 갈기가 늦었다. 그리고 농촌의 풍속 가운데 여름에는 삼베를 짜고 겨울은 무명베를 짜는, 베 짜는 소리가 이집 저집에서 밤늦게까지 들릴 때이지만, 지금은 논보리를 갈며 베 짜는 사람이 하나도 없다. 그것은 더욱 신행 갈 규수를 둔 집이면 더 없이 바쁠 때이다. 그런 옛 농촌의 분위기를, 젊은 사람에게 이야기 하면 도무지 무슨 말인지 알지 못할 것이다. 옛날에는 봄에 혼례를 올린 신부가 가을에야 신행(于歸)을 가는 혼속 때문에 신행을 앞둔 딸들의 품앗이(베 짜기, 다듬이질, 바느질 등) 작업에 농촌의 밤낮은 더 없이 바빴다는 것이다. 또한 지금의 농촌은 메주 쑤기와 고추장 담기가 시작 되어 이달 말까지는 끝을 맺어야 할 것이다. 온 여름을 정성껏 가꾸고 장만한 고추장은 특히 많은 정감이 갈 것으로 본다. 왜냐하면 금년의 고추농사는 탄저병으로 큰 흉작이었기 때문이다. 그러나 콩농사는 평년작은 되어서 작년의 콩 값이면 충분할 것이다. 그런데 그 메주를 띄우기 위해 아랫목에 묻어 놓으면 그 구린 냄새는 농촌이 아니고는 도저히 경험을 할 수가 없다. 그리고 빨간 감을 깎아 장대 끝에 달아 놓은 건시乾柿와 메주엮음, 밤이면 베 짜는 소리와 두 여인이 마주 앉아 두드리는 다듬이 소리는 잊을 수 없는 그리운 옛날의 농촌이 떠오른다. 문화의 변이는 어쩔 수가 없나 보다. 예나 다름없는 것은 메주엮음 뿐이기 때문이다.

아침이면 혹 서리가 내리지 않았을까 걱정이 된다. 며칠 전에 한 번 내린 서리 때문에 감나무의 잎이 다 지고 빨간 감만이 대롱대롱 달려 있다. 그리고 울긋불긋한 단풍잎은 그로 인하여 물든 것은 사실이지만 추위를 함께 몰고 왔다. 남쪽의 단풍은 추위와 함께 떨어짐으로 남쪽은 단풍다운 단풍을 모른다. 어제는 한계령, 미시령, 대관령, 덕유산과 지리산의 천왕봉에 서설瑞雪이 예보대로 내렸다는 것이다. 매년보다 일주일을 앞당겨 내렸다는 것이다. 그런데 슬픈 이야기는 경북 청송과 문경에는 돌풍과 함께 우박이 쏟아져 배추와 사과에 구멍을 내었다는 것이다. 농촌피해가 이만저만이 아니라서 당사자들은 망연자실 하고 있다고 했다. 이럴 때는 하늘이 밉기도 하다.

식전에 밭에 나가면 배추 잎이 이슬을 머금고 있다. 서리가 내리기 전에 배추 잎을 묶어 두어야 하는데 아직 묶지 않은 밭이 대부분이다. 서리가 내리기 전에 알이 배지 않은 배추는 반드시 묶어야 한다. 그렇지 않으면 알이 배지 않기 때문이다. 그리고 배추와 무가 한 두 번의 서리까지는 괜찮지만 얼면 안 된다. 얼면 무는 바람이 들고, 배추는 질기어 배추김치 맛을 잃기 때문에 항상 기상예고를 잘 듣고 얼기 전에 김장을 담아야 한다. 도시나 농촌 할 것 없이 겨울의 밑반찬으로는 김치가 가장 중요하다. 그러하기 때문에 월동준비를 위해 주부들은 김장에 온 정신을 쏟는다. 무김치, 배추김치, 국물김치 등등의 온갖 김치에 들어가는 양념류를 주부들은 가족들의 기호에 따라 섞어, 담아 주부들의 손맛이 김장 맛에 나타난다고 한다. 겨울이 깊어지면 눈이 쌓이고 이웃과 교통이 끊어지면 오로지 부식은 김치뿐이다. 그때를 생각하여 김장 등의 온갖 월동준비는, 입동이란 절후가 갖는 의미는 매우 중요할 것이다. 동시에 월동을 위한 의복과 땔감 내지 난방용 연료도 미리 준비돼야 한다.

<2006. 11. 8>

15. 소설小雪

　　소설小雪, 대설大雪은 6월의 소서小暑, 대서大暑처럼 더위
가 시작되는 절기인 것처럼 소설과 대설은 추위가 시작되
는 늦가을인 10월의 상달에 해당되는 것이다. 곧 혹한酷寒
의 절기는 소한小寒과 대한大寒의 추위로 이어지는 과정에
서 겪어야할 동짓달과 섣달인 것이다. 금년의 소설小雪은
(양11/.22 음10/2) 늦가을이다. 다시 말하여 금년은 윤7월이 있
었기 때문에 평년 같으면 지금이 음력으로 동짓달 초순에
해당되므로 금년 겨울은 유달리 길고 지루함을 느낄 것이
다. 지금 농촌에서는 추위에 얼기 쉬운 무를 뽑아 땅에 묻
는 작업이 한창이다. 그리고 무 잎은 시래기로 엮어 비나
눈이 맞지 않는 곳에 걸어 두고들 한다. 또한 무는 채로 썰
어 무말랭이를 만들기 위해 마당에 널어 두고 있다. 한편으

로는 싹 낸 엿질금을 말리기 위해 멍석에 널어놓고 새를 쫓고 있다. 그래서 농촌의 양지쪽은 지금 따스하고 한가롭다. 닭이 울고 개가 짖는 농촌의 하루는 더 없이 평화롭다.

우리나라는 북방구北方球 중위도中緯度에 위치한 나라들 가운데 가장 추운 나라다. 한반도는 대륙의 동쪽에 위치해 있어서 유독 차가운 북서풍이 휘몰아칠 뿐더러 태평양의 따스한 해류는 일본열도가 가로막고 있어서 따스한 해풍을 접하지 못하므로 한국의 겨울은 같은 위도의 나라들에 비하여 춥다. 거기다가 한국의 전통가옥은 삼간의 와가집이거나 초가집이다. 그 집을 얽은 재료가 모두 소나무이다. 바람을 막는 시설로는 흙벽에 한지를 바른 벽지뿐이다. 난방 장치래야 온돌이다. 그 온돌도 골고루 따스하지가 않아서 겨울 넘기기가 여간 힘들지가 않다. 한국의 산림은 41%가 소나무이다. 예로부터 소나무는 선비를 상징하는 나무로서 소중히 보호를 받았다. 그것은 옛날 몽골이 고려로 하여금 일본 정벌을 위해 900척의 군함을 요구하여 벽산과 천관산의 소나무를 다 베었다. 그로인하여 숲이 황폐화되었으니, 해마다 겪는 재난뿐만 아니라 민둥산이 보기에도 흉하여 조선왕조 때는 벌채를 금하는 법령을 만들었던 것이다. 그리하여 소나무는 상록수로서 설한풍을 이겨내는 고절목高節木으로 묵객墨客들의 사랑을 받았다. 충암절벽의 낙락장송 아래에 정자를 지어 놓고 풍월을 즐겼던 시인과 묵객들의 글들이 걸려 있는 음각된 현판들은 누정문학樓亭文學의 자료이자 지경地境의 풍경을 공감케 하는 현장성을 갖는다. 뿐만 아니라 홍송, 흑송, 강송, 해송 등은 각종 건물의 용도에 따라 쓰여 짐으로써 소나무를 상목上木이라 부르고 여타의 나무는 모두 잡목雜木이라 불렀다. 그만큼 소나무는 한민족의 사랑을 받았다. 더욱이 소나무는 메마른 토질에서 생장하기 때문에 그 토질과 환경에 따라 성장한다. 천년의 세월을 바위틈에서 자라는 환경 때문에 비틀어지고 외틀어진 고고孤高한 자태는 많은 분재인盆栽人들의 구미를 돋우게 한다. 또한 공이 없이 곧게 뻗은 홍송紅松의 우람한 자태는 수많은 목장인木匠人의 구미를 돋우게 한다. 귀공자처럼 활개를 뻗고 벼랑 끝에 서 있는 흑송黑松의 늠름한 자태는 흰 눈을 이고 있을 때가 더욱 아름답다. 그리고 바닷가에 서있는 해송海松은 바다의 염분을 머금고 성장하는 소나무답게 솔잎이 억세고 침이 날카롭고 껍질도 단단하다. 해수욕객에게 그늘을 제공하는 환경수環境樹는 해송뿐이다. 이처럼 우리의 소나무는 민족기질을 닮아 환경에 잘 적응하는 나무로도 사랑을 받고 있다. 며칠 전에 수

능시험이 있었다. 영하의 기온으로 추웠다. 이상하게도 해마다 수능시험이 있는 날은 반드시 추웠다. 가뜩이나 얼어붙은 수험생들의 가슴을 더욱 얼게 했다. 그 때에도 높은 산에는 흰 눈이 내렸다. 그리고 대관령의 스키장도 개장이 되었다고 한다. 소설小雪이라는 절기는 우리 선인들이 수많은 경험을 통하여 지었을 이름임에는 틀림이 없다. 금년의 소설 날에도 설악산, 대관령, 황악산, 지리산은 물론 울산의 가지산에도 서설瑞雪이 내렸다. 서설은 반드시 우리에게 희망과 기쁨을 줄 것으로 기대한다. 얼마 전 북한이 6자회담을 동의 했다. 세계에서 유일한 분단국인 우리는 동족끼리 싸웠던 지난날의 앙금 때문에 아직도 보이지 않는 갈등 있다. 이제 금년의 서설瑞雪처럼 모든 앙금을 덮어버리는 6자회담이 되기를 기대한다.

<2006. 11. 22>

16. 시월 상달

　정월보름을 상원절上元節, 칠월보름을 중원절中元節, 시월 보름을 하원절下元節 또는 시월상달이라고도 한다. 지난 11월 22일이 소설小雪이었으니까 15일 뒤이면 대설大雪이고, 또 15일 뒤면 동지冬至가 된다. 시월상달과 대설을 앞둔 요즘은 날씨도 차갑지만 대관령을 위시한 중부권에는 눈이 내리고 있다. 이제 본격적인 겨울철이다. 눈이 내리면 어린이들은 눈썰매 타기에 꿈이 부풀어 있다. 그런데 난데없이 찾아든 철새 떼와 함께 전북全北 익산益山 지역에는 고병원성高病原性 조류鳥類 인플루엔자가 발생하였다는 것이다. 지금 발생농가로부터 3킬로 이내에 있는 70만 마리의 닭들이 살처분殺處分 되었다고 한다. 오비이락 격으로 철새가 찾아들자 전하는 비보이고 보니 방역당국자의 발표에 온 국민의 시선이 집중되고 있다. 이 병균은 사람이 키우는 가금류家禽類에서 옮는 수인성 전염병으로 발전된 공포의 세균이다. 지금 인도네시아 등지에서는 많은 사람이 희생되었다고 한다. 그러므로 온 국민의 시선이 당국의 발표에 집중될 수밖에 없다. 겨울이면 시베리아 등지에서 찾아 온 철새 떼가 남긴 배설물로 해서 병원균病原菌이 되고 있다는 것이 연례행사처럼 되어 있다. 하루 바삐 이 병균을 퇴치할 백신이 개발되기를 바라는 마음 간절하다.

우리의 제의 가운데 3대까지는 친제親祭, 3대 이상은 묘사墓祀 또는 시사時祀, 시향時享이라 하여, 10월 1일~20일 사이에 묘제墓祭를 산소山所에서 행하는 제사祭祀이다. 곧 친제親祭가 아닌 고조 이상은 원조遠祖이므로, 대문중, 파문중, 소문중의 문호門戶에 따라 해마다 정해진 날에 각처에서 산거散居하고 있는 성손姓孫들이 모여, 성대하게 올리는 민족적 통과의례通過儀禮의 하나로 정착된 시향時享의 달이기도 하다. 그런데 요즘은 가정의례 준칙의 개정에 따라 4대 봉제사에서 3대 봉제사로 바뀌어, 증조부터 묘제를 지내는 집안이 있는가 하면, 종전대로 고조부터 묘제를 지내는 집안이 많다. 그리고 이 묘제를 산소에 가서 지내지 않고 재실齋室이나 사당祠堂에서 가호家戶별의 제수祭需를 바

뭐가며, 망령亡靈의 서차순序-次順에 따라 지방紙榜을 붙여 성
손 전원이 참배하는 신식新式의 묘사풍속墓祀風俗圖도가 된
가문도 있다. 그것은 시속의 변이에 따라 묘제의 순차도, 3
대봉제의 변이도, 재실에서의 제의는 감히 전통가문에서는
상상도 못해 볼 변이인 것이다. 지금도 전통가문은 묘답墓
畓에서 소출되는 미곡米穀으로 고자庫子가 제수祭需를 장만
한다. 묘사 전날 재실齋室로 사손嗣孫 등과 원로들이 모여서
묘역별의 소임所任과 초헌관, 아헌관, 종헌관의 방명록芳名
錄을 방벽榜壁하는 제반의 묘제절차를 마친다. 묘제당일이
면 각처에서 모여든 도복道服차림의 제관들이 묘 앞에 저립
佇立한 광경은 보기만 하여도 장엄하고 엄숙하다. 집예자執
禮者의 독홀讀忽에 따라 일사불란하게 움직이고, 유창한 독
축송讀祝頌은 산천을 울린다. 배拜, 흥興, 평신平身에서 들리
는 옷자락의 굴절소리는 아무래도 전통가문의 묘제가 아니
고는 들을 수 없는 소리이자 묘제광경이다.

묘제와 산신제가 끝나면, 구경꾼과 아이들에게 떡을 나
누어 주는 제관들의 손놀림이 바쁘다. 아마 다섯 살에서 열
두 서너 살의 아이들이 추위에 떨면서 제사떡을 얻어먹던
옛 생각들이 어제인양 생각난다. 그런데 요즘은 구경꾼도
아이들도 없다. 그만큼 먹을 것이 풍부해 졌고 얻어먹을 아

이들이 첫째로 없기 때문이다. 지금 정부에서는 세 사람 이상의 아이를 낳아 키우기를 권장하고 있다. 다급한 현실이다. 그러나 가임층可姙層들이 이를 수용하기를 꺼려하고 있다. 제발 나라의 장래를 위해 자발적인 가임층들의 애국심에 호소할 도리 밖에 없다. 지금 농촌에서는 아이들의 울음소리가 끊어진지 오래 되었다. 젊은 사람들은 모두 도시로 나가고 마을은 텅 비어 있다. 그나마 고향을 지키면서 농사를 짓고 있는 할아버지와 할머니마저 죽고 나면 누가 농사를 지을 것이며, 누가 묘소의 벌초를 하며, 누가 시향을 지낼 것인가? 고 금년의 시향 때도 고로古老들의 걱정은 태산같을 것이다. 어쩌다가 마을에 어린 아이의 울음소리가 들리면 이웃의 할머니들이 모여들어 재롱부리는 아이들에게 시간을 온통 빼앗긴다. 가뜩이나 추운데 금년의 묘사 때는 윤칠월이 있었던 탓으로 더욱 추울 것 같다. 특히 한국의 묘제문화墓祭文化는 중국이나 일본에서는 볼 수 없는 전통적인 통과의례의 하나인 민속인 것이다.

<2006. 12. 4>

17. 대설大雪

　　양력으로 12월 7일(음 10월 17일)이 대설이다. 겨울은 얼음이 얼고 눈이 내려야 겨울답다고 한다. 곧 대설은 겨울의 시작을 알리는 절기의 의미로 받아들여야 한다. 영동嶺東에는 눈이 쌓여 5개의 스키장이 개장된 지 오래이지만 남쪽인 울산은 며칠 전에 내린 비로인해 단풍잎이 거의 떨어져 볼품이 없는 단풍나무들이다. 마치 오헨리의 "마지막 잎세" 와도 같은 나무들이 서 있다. 지금 여기는 김장담기가 한창이다. 지난 소설小雪 때는 매주 쏘기가 한창이었다. 그 다음의 일손은 고추장 담기인데 그것도 묘사墓祀의 뒷바라지가 지나야만 고추장 담기가 시작이 된다. 이런 순차로 겨울채비가 끝나면 겨울이라는 농한기가 시작 되는 것이다. 이 농한기 동안 사랑방에는 농사 이야기, 문사門事 이야기

등을 하면서 손쉬운 일감을 만져가며, 밤늦게까지 노변爐邊한담閑談이 이어진다. 그것은 희미한 호롱불 밑의 삿자리 방에다가 메주 냄새와 담배 연기에 찌든 사랑방의 향기이자 농촌의 향기이다. 그런 순박한 향기가 지금의 농촌은 없다. 생각하면 그런 사랑방에서 어떻게 살았을까 하는 생각이 들지만 그래도 고희古稀 이상을 살고 가셨다. 밤마다 모이는 사랑방의 분위기는 모두가 남이 아닌 인척간이다. 기제忌祭가 있으면 반드시 그 제수음식祭需飮食이 사랑방에 보급된다. 그런 날이면 풍성한 밤참으로 웃음꽃이 피고 잠잘 시간은 더 짧아진다.

한편 안방도 사랑방 못지않다. 베 짜기 소리와 함께 모여 앉은 아낙들의 손놀림은 뜨개질과 실꾸리 감기가 저절로 움직이고, 입으로는 온갖 재담으로 이어진다. 한바탕의 웃음소리가 나면 그만 베 짜기도 멈춰진다. 무슨 이야기가 그처럼 재미가 있는지 밤 깊은 줄을 모른다. 밤참은 각자가 준비해 올 때도 있지만, 안주인이 삶아낸 고구마와 물김치는 별미 중에도 별미이다. 이런 농한기의 안방과 사랑방의 분위기는 거의 비슷하지만 초당방의 분위기는 다르다. 젊은 사람들이기 때문에 각자의 일감이 시간성에 맞춰 가지고 모인다. 서로가 품앗이 일을 약속하기도 한다. 새끼 꼬

기나 신 삼기를 마치면 각자는 집으로 돌아간다. 때로는 푸짐한 안주를 장만한 술판이 벌어지기도 한다. 그러나 밤을 새우지는 않는다. 그들은 부모와 처자가 있는 그 집의 기둥들이기 때문이다. 그리고 그들의 내외가 기거하는 방은 주로 건너 방이기 때문에 아기를 보살피며 시부모의 가람 옷을 짓거나 다듬이질로 밤늦게까지 일을 하는 것이 예사이다. 어느 때는 시어머니의 부름을 받고 안방에 나아가 이야기책을 읽어 줌으로써 시어른들의 무료함을 달래주는 역할도 한다. 그리고 입담이 좋은 할머니의 구수한 고담古談 이야기에 서로가 함께 웃고 함께 눈물짓기도 한다. 그러는 동안 날은 훤히 밝아 온다. 그러나 밤을 지새워서도 사랑방의 새벽바라지는 반드시 며느리들의 정성으로 받들어 지는 일과日課이다. 아침 밥상이 사랑방으로 날라지면 그날의 작업 지시가 머슴들에게 내려지고 사랑방의 바깥나들이도 밝혀진다. 밥상이 물러나면 안방주인이 숭늉과 함께 가람 의복을 들고 사랑에 나간다. 사랑에서 나가면 청소가 시작되면서 각자는 일자리로 돌아간다.

눈이 펑펑 쏟아지면 제일 좋아하는 것은 개들이다. 개의 눈은 흰색을 분간할 줄 모른다고 한다. 눈에 빠지면서도 온 들판을 뛰어 다니는 것을 보면 개 눈에는 흰 눈이 안 보인다는 것은 거짓말인 것만 같다. 그러나 개 눈에는 분명히 흰색을 분간할 수가 없다고 한다. 지금 서해안에는 눈이 20센티나 내렸다고 한다. 그 눈이 들판을 온통 덮어서, 익산益山에 발병된 고병원성高病原性 조류 인플루엔자 균이 꽁꽁 얼어 죽도록, 눈이 더 내리면 좋겠다는 생각이 든다. 그리하여 그 가금류균家禽類菌이 전멸되었다는 기쁨의 소식과 함께 눈밭을 힘껏 뛰어가서 피해 당사자를 향하여 위로의 말을 전하고 싶은 것이 모두의 마음일 것이다. 대설大雪이여! 제발 기쁨의 서설瑞雪이 되소서.

<2006. 12. 8>

18. 동지冬至

    12월 22일(음 11월 3일)은 밤의 길이가 가장 길다는 동짓날이다. 동지가 지난 다음 날부터는 밤의 길이가 차츰 짧아져서 하지夏至 날에는 낮의 길이가 가장 길다. 하지 다음날부터 낮의 길이가 차츰 짧아져서 동짓날 밤까지가 밤의 길이가 가장 길다. 그리하여 옛 사람들은 11월을 동짓달이라 불렀다. 그리고 동짓날은 태양이 죽음에서 부활하는 날이라 생각하여, 생명과 광명의 주인인 태양신에 대한 축제로 새해의 첫날을 맞는 유속遺俗이 있었기 때문에 진역震域에서는 동짓날을 "작은설"이라고도 불렀다.

    옛 중국 형초荊楚 세시기歲時記에 공공씨共工氏의 재주 없는 아들이 동짓날에 죽어서 역귀疫鬼가 되어 백성들을 괴롭혔다. 그 아들이 생전에 붉은 팥을 무서워하여 팥죽을 쑤어 역귀를 물리쳤다는 기록이 있고부터 초楚는 이날을 마치 신년에 떡국을 끓여 먹듯이 동짓날 팥죽을 끓여 먹되 축귀 시간逐鬼時間(금년은 오전 9시 22분)에 팥죽 국물을 피로 가상하여 벽사진경辟邪進慶을 의미하는 축귀逐鬼행위로써 침윤侵潤할 만 한 곳에 "엇다 이놈의 공공귀신 이것 먹고 물러가라" 등의 주문呪文을 외우면서 피인양 뿌린 뒤에라야 식구들끼리 팥죽을 먹었다. 이때 어른들은 농담으로 "나이 수대로만 새알(수제비)을 먹어야 된다" 하여 그때 새알이 하도 맛이 있어, 새알을 더 먹고 싶어 속히 나이가 들기를 원하면서, 어머니에게 새알 먹기를 조르던 때가 생각이 난다. 반면에 나이가 든 사람은 별로 동지를 반가워하지 않았다. 그러나 절기를 누가 막으랴.

중국에서는 주周나라 때 동지가 음력 11월 초순에 들면 "애동지" 중순에 들면 "중동지仲冬至"라 했고 그믐께 들면 "노동지老冬至"라 칭하면서 정월正月을 삼은 사실史實이 있고, 역경易經에서 복괘復卦를 11월에 배괘配卦한 것은 동지冬至와 서양의 부활절復活節과의 관념적인 동궤同軌로 본 듯하다. 주周의 조정에서는 동짓날 천지신天地神과 조령신祖靈神에게 제사를 지낸 뒤 하례賀禮를 받고, 연례宴禮를 베푸는 등 원단元旦과 똑같이 하였다. 곧 서양에서는 크리스마스(부활절)라는 축제祝祭가 우리의 동지제冬至祭이기 때문이다. 이런 동서東西의 동궤적인 부활제와 동지제가 시간의 흐름에 따라 문화적 추이趨移와 세력歲曆의 별행別行으로 우리와 중국은 음력 정월을 신년으로 하여 세시풍속으로 정착 되었다. 우리의 동지풍속이 신라와 고려 때 행하였던 중동 팔관회仲冬 八關會는 바로 옛날의 동지제와 깊은 관련성이 있다고 본다.

옛부터 양력으로 12월 22일을 동짓날로 정하였다. 그 연유는 분명치 않으나 성탄절과 동지절의 동궤성을 의미하고 있다고 본다. 홍석모洪錫謨의 『동국세시기東國歲時記』에 동지를 아세亞歲라 하여 공공씨共工氏 전설처럼 팥죽을 끓여 축귀逐鬼하는 시식時食과 공사供祀하는 작은설로서의 풍속이 정착 되었다고 기술하고 있다. 그리고 관상감觀象監에서는 역서曆書를 황백색黃白色의 두 종류로 만들어 송포頌布하면 백관百官들은 보책寶冊인양 구입하여 자녀들에게 나누어 주었다. 그리고 각사各司의 관원들은 마치 단오절端午節에 부채(扇)를 서로 간에 선물하듯 동짓날은 책력을 서로 간에 선물로 돌렸다. 그리고 내의원內醫院에서는 전약煎藥을 만들어 각사各司에 공급供給하였다는 기록도 있다. 또한 김매순金邁淳의 『열양洌陽세시기』에는 차천搓川 이병연李秉淵이 동지시

冬至詩를 소개하고 있으니 "서리들이 보내온 청장靑粧의 책력册曆/ 집집이 쑤어 먹는 전래의 붉은 팥죽/ 벽사축귀辟邪逐鬼로 마을이 모두 편하고 밝나니/ 오로지 검소하게 치르는 나라의 풍속/ 언제부터 내려오는 고풍인지 알 수가 없네"에서 동지의 고속古俗을 포괄적으로 잘 표출하고 있다.

이상에서 살펴본 동지는 세모를 앞둔 절기의 시식축귀施食逐鬼로서 소중한 민속이 되어야 하고, 또 내년을 준비하기 위해 서로가 새해를 다짐하면서 책력과 선물을 교환하는 미풍양속은 오래도록 지속되어야 할 분명한 24절기의 하나임이 틀림없다.

<2006. 12. 22>

19. 소한小寒

    소한은 음 11월 18일(양 2007년 1월 6일)이고, 대한大寒은 음 12월 2일(양 2007년 1월 20일)이다. 2006년 병술丙戌년에는 윤달閏七月이 들어 있었기 때문에 추위가 늦게까지 머물 것 같다. 지금 양력으로 2007년 1월 6일인데도 음력으로는 아직 2006년 11월 18일이기 때문에 윤달로 인한 양력과 음력의 날짜차이가 너무 남을 느끼게 한다. 그렇다고 해서 음력을 쓰지 않을 수가 없는 것은, 농사를 짓은 농촌에서는 이 음력이 꼭 필요하기 때문이다. 어쨌든 겨울의 추위는 소한이 지나가야만 추위가 다 지나갔다고들 한다. 그리고 소한의 추위가 너무 추워서 대한이 소한 집에 놀러 갔다가 얼어 죽었다는 속담이 있다. 곧 동생추위에게 형이 지고 말았다는 속담처럼 겨울의 추위는 소한이 더 춥다는 말인 것이다.

 겨울의 멋은 뭐니 뭐니 해도 눈보라가 휘몰아치는 추위
이다. 얼음판에서 뒹굴고 노는 아이들, 눈이 펑펑 쏟아지는
들판을 신나게 뛰어 달리는 개들과 아이들, 이것이 진정으
로 농촌 풍경이다. 반면에 청년들은 젊은 학생들을 총동원
하여 앞산과 뒷산에서 토끼몰이를 한다. 십여 마리를 잡아
마을 어른들에게 술밥을 대접하는 진풍경은 겨울이 아니고
는 상상도 할 수 없다. 그런데 요즘은 토끼몰이가 불가능하
다. 왜냐하면 들고양이가 토끼와 꿩을 사냥하거나 쫓아 버
리기 때문에 앞 뒷산에서의 토끼몰이는 지난날의 추억이
되고 말았다. 말이 났으니 말인데 농촌의 집 고양이가 들쥐
를 잡도록 방사하고 있다. 이들에게 일정한 사육 시간이나
먹이공급을 하지 않고 있기 때문에 이들은 자연적으로 들
고양이가 되고 말았다. 그러므로 이들을 그대로 방치하게
되면 족제비도 전멸될 뿐만 아니라 철새마저 잡아먹게 되
면, 요즘 보도되고 있는 고병원성 바이러스 균을 이 들 고
양이가 전파하는 결과가 될지도 모른다. 당국은 지금 농촌
의 들 고양이를 그냥 방치할 것인가를 한번 생각해 봐야
할 것이다.

 동지가 지났으니 밤이 차츰 짧아지겠지만 아직 밤은 길

다. 오후 6시만 되면 어둡기 때문에 자연히 일찍 잠자리에 들게 된다. 실컷 자고 일어나면 밤 10시밖에 되지 않는다. 그때부터 군것질이 시작된다. 삶은 고구마 등과 백김치가 사랑방과 안방으로 옮겨지면, 그때부터 사랑방에서는 화롯 가를 때리는 담뱃대 소리와 함께 떠들썩해 진다. 안방에서 는 바느질을 하는 며느리와, 무명실을 뽑는 할머니에게 손 자가 보채면, 품에 숨겨 두었던 할머니의 가슴에서 따스한 홍시가 손자의 입으로 들어간다. 손자와 할머니간의 투정姤 情은 그제서야 끝이 난다. 이런 동짓달의 긴긴 밤은 밤참으 로 이어지다가 사랑방과 안방의 불이 다시 꺼진다. 그러나 일찍 잠이든 어린것들은 새벽 4시가 되면 눈을 뜨고 이불 속에서 형제간의 작란들이다. 겨울의 본격적인 추위는 동 지부터이기 때문에 날이 밝기까지는 이들은 좀처럼 이불 속에서 빠져 나오지 않는다. 이런 북새통에 어른들도 잠이 깬다. 사랑에서는 소여물을 끓이고 안방에서는 우를 썰이 는(써는) 소리에 하루가 밝아진다. 소한절小寒節은 1년 중에 서도 가장 춥기 때문에 2006년도의 연말에는 울릉도에 40 센티의 폭설이 내렸고, 서해안에서도 많은 눈이 내렸다. 폭 설과 빙판으로 인하여 사람들은 몸을 움츠리게 되고, 바깥 나들이도 꺼리게 된다. 그렇게 되고 보면 자연적으로 불을 가까이 하게 되고 화재도 수반된다. 2006년 연말에는 대형 화재가 발생하였다. 경기도 구리시의 지하 전력선과 광케이블이 100미터나 탔다. 그리고 대만에는 지진이 발생하여 해저 광케이블이 끊겨 관련국들의 통신이 마비되었다. 이처럼 무서운 화재와 자연재해는 순식간에 집을 잃게 되고, 수 십 년을 가꾸어 온 푸른 산천도 황폐화되고 만다. 이 얼마나 불 다루기가 빚은 막대한 재산상의 손실과 또한 목숨마저 잃게 되는 결과인가?

지금 대관령의 스키장은 젊은 청소년들에 의하여 초만원을 이루고 있다고 한다. 마음껏 눈에 빠지고 마음껏 눈에 뒹굴고 마음껏 미끄러지는 젊은 꿈들이 지금 눈썰매에서 한참 꽃피고 있다. 한편, 생활에 여유가 있는 계층들은 가족들과 호주, 싱가폴 등지의 더운 나라를 찾아 추위를 잊고, 골프를 즐기는 사람들도 많다. 이처럼 생활풍토의 차이가 근년에 와서 더 심하여 보이지 않은 반목의 눈살을 찌푸리게 한다. 이제 연말연시의 바쁜 일정도 다 지났다. 이제는 차분히 마음을 가다듬고 새해의 꿈과 그 실천적 설계대로 총 매진하자.

<2007. 1. 4>

20. 대한大寒

　병술丙戌년의 마지막달인 섣달이다. 동시에 마지막 절후인 대한大寒이 양력으로 1월 20일(음 섣달 초이틀)이다. 예로부터 대한만 지나면 동사凍死자가 없다는 말이 있다. 그러므로 이제부터는 큰 추위는 없다는 말이다. 동시에 얼음이 엷어짐으로 빙판氷板에 들어가는 것에 조심해야 한다. 아니나다를까 빙판에 들어갔던 어린이가 익사溺死했다는 안타까운 뉴스가 있다. 날씨가 더워지므로 안개가 자주 끼어 교통사고의 위험도 없지 않다. 이 같은 기후의 변화를 환절기라고 한다. 그러나 아직은 섣달 한 달이 춥다. 양력으로 2월 18일이 설新正날이기 때문이다. 그 이틀 뒤인 17일이 입춘立春이므로 그때가 되어야 추위가 가시는 것이다. 그런데 지구의 이상 난기류暖氣流 탓인지? 작년만 해도 울산에 눈이 내려 필자가 살고 있는 두동의 은편 고개에 눈이 쌓여

하루 동안 교통이 두절된 적이 있었다. 지구의 이상기류가 빚어질 변화가 두렵기만 하다. 그것은 이곳이 혹 아열대 지방으로 변하는 징조가 아닐까하는 의문 때문이다. 한편 혹 천지개벽이라도 있지 않을까하는 두려움도 있다.

섣달의 밤은 길다. 옛날에는 이때쯤 되면 사랑방에서는 머슴의 세경이 결정되는 동시에 머슴들의 이동이 단행된다. 이날 이후부터 새 머슴을 맞이하는 집의 초당 방은 새로 단장이 된다. 그리하여 입춘과 동시에 한 해의 농사일은 시작되는 것이다. 곧 대한으로부터 입춘은 꼭 한 달이 남았다. 이 한 달 동안의 농촌은 아직 동면冬眠의 적막寂寞이다. 떼 갈매기가 농촌의 적막을 깨트리는 정서가 있어서 좋다. 하늘 높이 고공비행을 하다가 텅 비인 논밭에 앉아 먹이를 쪼아 먹고는 또 다시 하늘 높이 난다. 그러다가 해 거름이 되면 또 한 무리의 기러기 떼가 남쪽을 향해 날아 가는 되풀이의 고공무용은 농촌에서만이 볼 수 있는 정경인 것이다. 해가 짧아 밤이 되는 농촌의 밤은 시끄럽고 분주하다. 그것은 설 채비에 바쁘기 때문이다. 옛날 같으면 베 짜는 소리와 다듬이질 하는 소리에 농촌의 서정은 한층 더 아름답다. 그러나 요즘의 농촌은 옛날과 달리 밤늦게 까지 TV 앞에서 연속물을 보거나 스포츠를 즐기는 것으로 밤이 깊어만 간다. 그러나 설을 앞둔 어머니들의 손길은 다소 바쁘기만 하다. 곧 어린 것이 손을 꼽아 기다리는 때때옷의 바느질이다. 작년에 입혔던 옷을 새로 손질 하거나 아니면 시어른의 한복과 남편의 한복과 당신의 나들이 한복을 손질하기에 바쁜 것이다. 그리고 깡전을 만들기 위해 콩을 고르기도 한다. 그것은 설빔 준비를 아직 시장에 의존하지 않는 속성이 농촌에 남아 있기 때문이다. 동시에 농촌을 지키고 있는 어머니가 설날에 찾아올 도시의 자손들을 기다리는 정성인 것이다. 한 가지라도 맛이 있게 빚어 손자들에게 주려는 여성 본능의 사랑인 것이다. 또한 콩나물 콩을 고르는 손길, 나물 세를 위해 토란줄기, 고사리. 멧나물, 도라지 등을 손질하는가 하면 건어乾魚인 대구, 명태, 오징어 등은 물론 한과인 유과, 약과, 전과를 만들기 위한 튀김 준비와 조청 만들기 준비, 등으로 겨울의 밤은 짧기만 하다. 그리고 콩, 쌀, 수수, 참깨, 들깨 등으로 언양彦陽장에서 뻥튀기를 준비하는 설빔의 지극한 정성은, 우리의 전통명절이 아니고는 도저히 찾아 볼 수 없는 농촌의 긴 긴 밤풍경인 것이다.

지금 해촌에는 청어가 많이 잡힌다는 것이다. 토닥토닥 소리가 나는 청어 알을 먹고 싶다. 그리고 참가자미도 지금 동해안에서 많이 난다고 한다. 그놈을 회 쳐 먹는 맛은 별미 중에 별미인 것이다. 또한 도다리의 미역국도 별미 중에 별미인 것이다. 그것은 작년에 몇몇 선후배들과 정자亭子 어판魚板장에서 참가자미 회와 미역국을 맛있게 먹은 생각이 나기 때문이다. 그 일행 가운데 한 분은 지금 병석에 있고 한 분은 며칠 전에 세상을 떴다. 생각하면 모두가 허망할 뿐이다. 그분은 4년간 지방사료 조사위원으로 함께 활동한 바가 있었던 향토사가셨다. 명복을 빈다. 이런 저런 생각으로 잠을 설치고 나면 때로는 잠이 부족할 때가 있다. 이제 이 해가 저물기 전에 메일로 연하장이나 그림과 함께 보내야 하겠다.

요즘의 한 낮은 제법 따스하다. 밭두렁의 묵은 풀 둥치가 살아나는 듯도 하다. 그리고 노란 개나리꽃이 피었다가 시들은 흔적도 있다. 보리밭에는 푸른 색깔이 더해지는 느낌이 든다. 역시 겨울은 겨울답게 추워야 하고 눈도 펑펑 쏟아 져야만 섣달다운 맛이 나는 것이다. 손을 홀홀 불면서 얼음판을 누비는 어린이들이 그립다. 여태까지는 이름 있는 날은 반드시 이름값을 하는데 금년의 대한大寒은 얌전키만 하다.

<2007. 1. 19>

21. 입춘立春

입춘은 양력으로 2월 4일(음 12월 17일)이다. 1년을 24계절로 나누는 첫 절후節侯에 해당되는 날이다. 곧 새 봄이 드는 입춘은 하늘과 땅이 처음으로 나누어 진 날이라는 고사故事도 있다. 이날부터 겨울의 나태를 벗고 새롭고 활기 찬 삶을 시작하는 날임을 의미한다. 대한大寒이 지나면 추위가 물러나고 대지大地에는 생기가 돌아 벌써 냉이가 밥상에 오르기 때문에, 분명히 봄기운이 사람들의 가슴에 찾아듦을 느끼게 한다. 그러나 날씨는 아직 차갑고 눈도 내리지만 그래도 날씨는 소한小寒 때처럼 춥지는 않다. 그런데 금년의 입춘이 설 명절 이전에 들어 있어 입춘서立春書를 써 붙이지 않는다는 지방도 있다. 그러나 지방에 따라 "입춘대길" "건양다경" 등의 춘첩春帖을 써서 기둥과 대문에 붙이는 봄

맞이와 함께 굿을 했다. 이날을 당하면 산간山間에서는 집 안팎을 깨끗이 쓸고 겨울철에 허물어진 벽을 새로 바른 다음 안택굿을 위한 금줄을 친다. 금줄에 푸른 소나무 가지를 꽂고, 붉은 흙을 사립문에 점점이 놓아 부정不淨을 없애게 한 다음에야 무당을 불러다가 온 가족의 무사를 비는 안택 굿을 한다. 아니면 할머니들의 빌손拱手으로 안택굿을 대신 한다. 이때 쓰는 떡을 백찜흰떡이라 하고, 나물은 주로 냉이, 채 나물(무나물), 생미역 등으로 무친다. 그리고 고기는 명태 등의 건어乾魚로만 썼다. 이 입춘을 우리는 간단한 안 택굿과 춘첩春帖으로 맞았지만 중국에서는 입춘절立春節이라 하여 큰 명절로 삼았다고 한다.

송나라 때 맹원로孟元老의 『동경몽화록東京夢華錄』에 입춘은 한漢민족의 전통명절날이라 했다. 입춘전날 닫아두었던 마구간을 활짝 열고 개울에 소를 넣어 봄 냄새를 맡게 한다. 이는 예로부터 소牛는 농경農耕의 주역이기 때문에 입춘은 "소의 날"로서 권농勸農을 의미한다. 그리고 궁중에서는 춘반春盤에 생채生菜(갓 돋은 채소)와 푸른 쑥青蒿과 황비黃菲(냉이)로 하여 나물 반찬을 차려 놓고 근신近臣들과 봄맞이를 했다. 민가에서는 이날 문 앞에 갓을 걸어 두거나 푸른색 깃발을 걸어둔다. 갓은 관직에서 물러나기를 소원하고 깃발은 과거의 급제를 소원하는 표지이다. 혹은 입춘대길 등의 춘첩春帖을 써서 대문과 기둥에 붙였다. 부녀자들은 푸른색의 제비와 봄 나비 그림을 오려 모자로 쓰고는 봄을 맞았다. 또한 고기에 채소를 넣고 볶아 먹는 것을 탐춘探春이라 했으며 만두 등을 빚은 춘반春盤을 차려 이웃과 서로 나누어 먹는 것을 교춘咬春이라 했다.

우리의 제주濟州 고속古俗에 입춘이 되면 심방巫堂들이 관덕정에 모여 목우木牛에 쟁기를 메워, 군복을 입은 심방으로 하여금 끌게 하고, 온갖 악기와 여러 모양의 탈을 쓴 광대廣大를 따라 기생들은 장단에 맞추어 춤을 추며 관덕정 마당에 모였다. 이때 전도全島의 심방 100여 명이 입춘 맞이 굿을 관원 주도로 행하였다는 기록이 있다. 호장戶長들이 거두어 온 곡식의 상태를 보고 흉풍凶豊을 점치고 또 보리 뿌리를 보고 금년의 농작을 점치는 등을 하며 광대들이 동헌東軒에 당도하면, 구경을 하고 있던 목사牧使가 자리를 떠 그들 앞에 술과 담배를 권하면 관민官民이 함께 기뻐하면서 춤을 추며 태평송으로 합창하면서 굿판을 마친다는 것이다.

『형초세시기荊楚歲時記』에 입춘 때와 단오 때를 당하면 관상감觀象監에서 주사朱沙로 탑본榻本한 벽사辟邪를 대내의 문주門柱는 물론 관원, 선비, 서민 할 것 없이 장시場市 및 마구간 등에 춘연송도春聯頌禱의 춘첩春帖을 하는 것을 일러 춘축春祝이라 했다. 그리고 독한 옥수수 술을 빚어 마심으로써 배 속의 기생충을 없애는 것은, 흉악한 열 두 귀신을 쫓아 버리는 나례儺禮의 하나가 춘첩부春帖符와도 같은 것이라 적고 있다. 곧 『한서漢書』 예악지禮樂志에 정월초하룻날 "울창한 복숭아나무 밑에서 신선들이 차를 마시는 그림"을 그려 문호門戶에 붙이는 춘첩春帖은 문신門神과 호령戶靈으로 하여금 흉귀凶鬼를 막는다는 부적符籍으로 황제黃帝 이래로 국태민안國泰民安, 가급인족家給人足, 우순풍조雨順風調, 시화세풍時和歲豊의 고속古俗으로 지금껏 전해오고 있다. 그만큼 입춘은 하늘과 땅이 처음 열리는 새 봄이자 오곡백과五穀百果가 풍만하기를 바라는 간절한 축도절인 것이다.

<2007. 2. 2>

22. 섣달 그믐날

신정新正은 양력의 설(2007.1.1)이고, 구정舊正은 음력 정월 초하루(양 2007.2.18)가 설이다. 고기古記에는 섣달그믐이 설날 歲日이고, 초하루는 신일愼日이라고 했으나 오늘날은 그와는 반대의 의미로 정착되었다. 곧 한 해 동안 온가족이 무사했다는 기쁨의 설인 반면에, 또 한 해를 맞는 첫날은 근신謹愼으로 맞이하기 위해서는 섣달 그믐날 밤은 조심스럽고 경건하게 새해를 맞이하기 위한 제야除夜라는 민속유습民俗遺習이었다. 제야除夜를 제석除夕, 제일除日, 세제歲除, 세진歲盡, 우리말로는 "까치설날" 또는 "해歲쉰다"고도 한다. 이는 한해의 마지막 밤을 밝힌다는 뜻이다. 이처럼 다양한 명칭이 있음을 보아 제야의 민속도 지방에 따라 달랐을 것으로도 짐작된다. 제除는 지난날의 액厄을 제거除去한다는 뜻이고 야夜는 한 해를 마감하는 밤夜이라는 명칭인 것이다.

우리나라의 제야풍속은 고려이후 궁중에서는 이품二品 이상의 시종 및 근신들이 입궁하여 구세문안舊歲問安을 올렸으며 또한 악귀惡鬼를 쫓는 나례제儺禮祭를 올리되 향속의 처용무處容舞로 그믐날 밤을 새웠다고 한다. 민간에서는 사당祠堂과 어른들에게 세찬歲饌과 함께 "묵은세배"를 올렸다. 그리고 궁중에서는 연종포年終砲와 불화살을 하늘 높이 쏘아 올린 다음 징鑼과 북皷을 울려 세제歲除의 구나驅儺행사를 하였다. 또한 강원도 고성高城의 향촌에서는 사당 안에 보관하고 있던 가면을 쓰고 춤을 추는데, 그 이유는 섣달 스무날부터 정월 보름 이전에 천지신天地神이 하강한다는 것이다. 때문에 읍인들은 그 가면을 쓰고 땅을 굴리는 등의 춤을 추면서 관아官衙와 읍촌邑村의 집집을 차례로 돌면서 구나무驅儺舞를 행하였다. 그것이 곧 이 고장의 오랜 세습의 송구영신送舊迎新의 구나제驅儺祭인 것이다. 이 구나제가 다른 지방에서는 지신밟기로 정착되었다. 그리고 전국적인 구나행사의 하나로 관아는 물론 민가에서는 방, 부엌, 곡간, 장독대, 마구간, 뒷간, 헛간, 대문 등에 등불을 낮처럼 밝혀 놓고 온 가족이 수세守歲하노라면 악귀惡鬼와 역귀疫鬼들이 감히 침범하지 못한다는 것이다. 이같이 새해를 뜬눈으로 맞는다. 이날 밤에 잠을 자면 눈썹이 센다하여 잠을 자지 않으려고 청년들과 장년들은 초당에서 화투놀이와 골패骨牌놀이를, 노인들과 선비들은 사랑방에서 투전鬪牋 또는 세찬과 함께 보낼 사돈지查頓紙 쓰기를, 처녀들은 안방에서 정경도正卿圖놀이 내지 윷놀이로 잠을 쫓았지만 어린이들은 잠을 이기지 못하여 끝내 단잠에 빠진다. 큰놈들은 동생들의 눈썹에 밀가루를 발라 놓는다. 잠에서 깬 동생들은 거울에서 흰 눈썹을 발견하고는 그만 울음보가 터진다. 온 가족은 이런 광경을 보고는 한바탕 웃음으로 뜬눈을 새웠다. 그러나 이때부터 주부들의 몸과 마음은 바쁘다. 사랑방에 차려내야 하는 술상의 쌈밥과 안주, 그리고 시어머니와 아이들의 새 옷과 부럼 준비에 눈코 뜰 새가 없다. 사랑방의 첫술 쌈밥은 꿩알 줍기의 행운을, 첫 부럼 깨물기는 치아를 튼튼케 해 달라는 주술呪術들이다.

사랑舍廊에서는 사립문을 열고 집 앞의 길을 말끔히 쓸고 아이들은 "후여"하면서 벼 밭의 새를 쫓는 흉내를 낸다. 그것은 금년의 나락 밭에 새떼의 피해가 없기를 비는 예방의식과도 같은 것이다. 그리고 어머니는 누구보다 먼저 우물물을 떠온다. 그것은 새해의 제수祭需와 음식을 만드는데 있어 청정淸淨한 물이라야 된다는 주부의 정성인 것이다.

그리고 다른 가족들은 우물물을 길어다가 가뭄을 잘 타는 논에 뿌리면 한발旱魃을 면한다는 예방인 것이다. 어제 아침부터 밤늦게까지 다림질로 만든 온갖 부침개와 산적류蒜炙類와 도적류刀炙類와 편餅들을 제기에 담은 뒤 떡국 준비를 위해 골무떡을 써는 소리로 새해의 아침은 밝아 온다.

이런 제야풍속이 동남아가 거의 같다. 이런 제야절除夜節의 본원은 중국이다. 우리와 다른 것이 있다면 조정朝廷의 축구나逐驅儺의식으로서 악귀惡鬼를 다신茶神과 울첩鬱疊이 있는 곳에 쫓아버린다는 의식이 구라驅儺이다. 각 가정에서는 방상씨方相氏에게 절을 한 다음 수세守歲라 하여 온 가족이 화롯가에 단좌團坐하여 천지조종天地祖宗께와 존장尊長에게 납배納拜한다고 했다. 그리고 귀신을 쫓아버리는 행사로 폭죽을 터트리고 불꽃놀이를 한다고 했다. 특히 이번 세와 연초의 불꽃놀이로 특히 중국과 태국에서는 많은 사상자가 해마다 발생한다는 것이다. 우리는 그런 불꽃놀이가 없어서 다행이다.

<2007. 2. 12>

23. 설 (구정, 舊正)

    설은 한 해가 가고 또 해를 맞이하는 민족명절인 것이다. 특히 2007년은 600년 만에 맞는 황금돼지의 해라 하여 온 국민들은 행운과 부귀의 꿈으로 부풀어 있다. 600년 전의 1407년 10월에 이도移都했고, 태종 7년(정해:丁亥) 4월에 한성부漢城府를 덕수궁德壽宮으로 옮겼다는 사서史書의 기록이 있을 뿐이다. 이것이 경사라면 경사였다. 아니면 돼지 돈豚의 음이 "돈錢"과 음이 같기 때문일까? 아니면 돼지는 다쌍생多雙生이기 때문에 황금돼지로 이름을 붙인 것일까? 그것이 하필이면 2007년일까? 아무튼 많은 궁금증을 낳는다. 그러나 부자 나라의 국민이 되는 것은 좋다.

    해가 바뀌면 감회도 새롭고 각오도 새롭다. 먼저 지난해를 되돌아보면서 반성하고 새해에는 절대로 시행착오가 없어야겠다는 맹세와 다짐을 세배歲拜로서 표현하면 부모님께서는 덕담德談이나 세화歲畵로 답해 주시는 설날이 시작된다. 그것은 존장자尊長者에 대한 도의와 보답의 연원淵源인 것이다. 제일除日의 "묵은세배"는 과세過歲의 보살핌에 대한 은혜의 인사라면 세배歲拜는 신년新年에 대한 더 없는 사랑을 주십사 라는 의미의 배례인 것이다. 인신人臣이 군주君主에게 올리는 원단元旦의 하례賀禮는 곧 군신 간, 상하 간, 유서幼序간과 같다. 이는 엄숙하고 고귀한 도덕문화의 연시年始 인사인 것이다.

이 세배의 영원한 고리는 인신人神간이다. 신神은 조상祖上이다. 조상들은 천신天神과 지신地神의 가호에서 살고 계신다. 그러므로 우리는 새해가 되면 세배의 다음순서가 까치설날에 온갖 음식을 빚고 장만한 조상에의 제수상祭需床 앞에서 제복차림의 어른들과 아들들이 한자리에서 절을 올리는 숭조의식崇祖儀式은 바로 우리의 고귀한 전통의례의 하나로 정착되었지만 그 옛날에는 섣달그믐날까지 온 가족이 한해를 무사히 넘겼다는 기쁨의 축제가 설 명절이고, 해가 바꾸는 정월 초하루는 또 한해의 무사를 바라는 근신謹愼의 설날愼日이라고 최남선 선생은 그의 "조선상식"에서 언급하고 있다. 그것은 까치설날 야반에 궁중의 나팔, 징,

포성으로 알리는 나례儺禮는 곧 설날愼日의 근신謹愼을 알림
이요 초하룻날의 폭죽놀이는 방액防厄과 축귀逐鬼행위인 것
이다.

　제일除日부터 설날의 세배와 제사가 있기까지의 민속을
살펴보지 않을 수가 없다. 섣달 20일부터 정월 보름까지
시작되는 구라驅儺와 놀이인 것이다. 이 행위 가운데 특히
강원 고성高城에서 유래된 지신밟기이다. 사당에 비치된 탈
과 복장을 입고 관아를 위시하여 읍촌의 가가호호를 순방
하면서 송구영신의 놀이가 그것이다. 그리고 제야除夜날이
면 궁중에서는 고려이래로 군신 간에 세찬歲饌과 선물膳物
을 교환하면서 묵은세배를 한다. 그런 뒤 처용무處容舞로
군왕과 시종들의 연회가 이어진 다음 징과 북과 나팔을 불
어 연종年終을 알리는 의식으로 끝을 맺는다. 민가는 주부
들이 원단元旦을 위한 세복歲服과 제수祭需 준비가 끝나면
온 집안을 낮처럼 등불을 켜놓고 뜬눈으로 수세守歲를 한
다. 이 얼마나 엄숙하고 경건한 민속이 아니랴. 특히 제주
濟州에서는 계층에 따라 골패, 화투, 윷놀이 등으로 새해를
맞는다. 그 밖의 민속행위는 "작은 설날에 잠을 자면 눈썹
이 센다"느니, "설날의 첫 밥술은 김을 싸 먹어야한다"느
니, "부름을 힘껏 깨어 먹어야한다"느니, "누구보다 먼저

우물의 용알을 건져야한다"느니, "복토福土를 훔쳐 자기 집 마당과 논에 뿌린다"는 등의 많은 희담戱談과 횡재橫財와 주술呪術과 구복求福 등의 속신행위가 많다.

　같은 성손姓孫의 집단 취락마을의 경우는 종가宗家집을 위시하여 차례대로 제사를 지내는데 그때 당가當家의 상황에 따라 준비한 세찬과 함께 어른에게 세배를 올린다. 이렇게 회가回家순의 공동제사를 마치면 오후가 된다. 이후부터는 이웃 또는 사가査家나 처가 어른들에게 세찬을 들고서 세배를 올린다. 그리고 신행전의 딸이 있을 경우는 특별히 세찬을 준비하여 총명지聰明紙(선물의 설명서)와 함께 하인을 시켜 보낸다. 이처럼 한국의 새해맞이는 토속적이면서도 전통과 어른을 존숭尊崇하는 예절을 으뜸으로 하고 있다. 길이 전승해야할 미풍양속이 아닐 수 없다.

　설을 맞이하면 좋아하는 사람은 아이들이다. 때때옷에 세뱃돈을 불룩하게 얻은 아이들은 군것질, 연날리기, 팽이치기 등으로 추운 줄을 모른다. 어른들은 씨름판이나 극장가로 가고 주부들은 세배손님의 뒤치다꺼리에 몸살이 날 지경이다. 그뿐 아니다. 옛날에는 정월 초하루부터 보름까지의 상자上子, 상진上辰 등의 유모일有毛日과 무모일無毛日에 따라 양귀禳鬼하는 시 할머니의 토속土俗제의에 시달리다가

틈틈이 젊은 아가씨들의 그네뛰기, 널뛰기에 동참하는 즐
거움도 있었다.

<2007. 2. 14>

24. 우수雨水

우수는 양력으로는 2월 19일(음 1월 2일)이다. 곧 정월초이튿날이다. 속담에 우수가 지나면 대동강의 얼음이 다 녹는다고 했다. 그처럼 추위는 완전히 살아졌다는 말인 것이다. 특히 윤칠월이 있었던 해라서인지 설 명절 다음 날이 우수가 되고 보니 금년의 절후가 빠르게 다가온 것 같은 느낌이 든다. 아무튼 설 명절로부터 보름으로 이어지는 농촌의 연휴連休가 지나면 일손은 바빠질 것 같다. 지금의 농촌은 한가롭고 조용하다. 설 명절 전부터 논갈이는 다 마쳤고 지금은 마구간의 소똥 거름을 논밭에 내고 있다. 이로 보아 농사철이 다가온 것은 사실이다. 냉이를 캐다가 된장에 넣어 봄맛을 느꼈지만, 그것 보다 언양彦陽 장에 가보니 벌써 냉이는 물론 엉겅퀴 뿌리와 이름 모를 약초들이 난장판을 메우고 있었다.

금년의 설날이 계미癸未니까 양羊날이다. 옛날에는 설날로부터 시작되는 12간지干支까지의 일진에 따라 할머니들의 빌손(拱手)은 시작된다. 그것은 정월의 첫 상자上子, 상진上辰, 상오上午, 상해上亥에 해당되는 날은 백사百事에 조심하고 신중愼重하라는 뜻으로 이름을 기신忌愼이라 했다 하여 설날愼日도 이름을 신일愼日이라 하였다는 말이 있다. 그 유래는 신라 소지왕炤知王 때 까마귀, 쥐子, 돼지亥와 못池의 용辰이 가르쳐 주는 대로 말을 달려 사금갑射琴匣을 향해 활을 쏘아 "왕후와 승려의 사통私通"을 막았다는 『삼국유사』의 이야기는 너무나 유명하다. 그로부터 정월 보름 사이에 해당되는 쥐子, 용辰, 말午, 돼지亥 날은 근신으로 삶을 반성하는 한해가 되기를 빌었다고 한다. 곧 용은 비를 풍성하게 내리게 하고, 말은 노력으로 주인에게 보답을 하며, 돼지와 쥐는 곡식을 축낸다고 지봉유설芝峰類說이 설명하고 있다. 그래서 할머니들은 해마다의 첫 용, 말, 돼지, 쥐의 날에는 반드시 빌손(拱手)의 제사로 지내 줌으로써 백사百事가 무사하다고 믿었다. 지금 세계가 기상이변을 겪고 있다. 우리나라도 예외는 아니다. 매년에 비교하여 추위가 적는 편이다. 그리고 지금 눈이나 비가 내리지 않아 댐의 수위가 낮아져

식수에 어려움을 겪을 가능성이 있다는 것이다. 비와 관계가 있는 일진인 용辰날이 비교적 늦은 정월 초 열흘 날이기 때문에 미신 같은 이야기지만 혹시 금년에 가뭄이 있지 않을까 염려가 된다. 지금 농촌은 가물고 있다. 논밭은 먼지가 날만큼 메말라 있다. 그것도 요즘의 들에는 보리가 없어 논밭이 텅 비어 있어 더욱 삭막함을 느끼게 한다.

우수雨水는 음지陰地의 깊은 산곡山谷에서 얼음을 녹여 돌돌 소리를 내게 하고, 멧새 소리에 산짐승들도 기지개를 켜게 하는 계절이다. 그것은 15일 뒤면 개구리가 오랜 칩거蟄居에서 잠을 깨고 우는 소리에 사람들이 놀랜다는 경칩驚蟄이기 때문이다. 우수雨水는 글자 그대로 비가 내려 물이 풍부함으로써 금년 농사에 아무런 걱정이 없기를 바라는 의미의 우수라야 할 것이다. 그러나 지금은 설 분위기 때문에 농사철은 아직 멀었다고 생각을 할지 모르나 사실은 농사철은 이미 시작이 된 것이다. 날씨도 퍽 포근해 졌다. 지난 2월 초순의 추위에도 수돗물이 얼지 않았다는 것은 그사이 지열地熱이 그만큼 상승했기 때문이다. 따라서 고로古老들의 이야기에 의하면 겨울 내내 얼어 있던 바깥 수돗물도 우수날 밤 12시만 되면 수도꼭지에서 물이 저절로 터지는 경험을 2년을 연거푸 겪어 보았기 때문에 옛 성인께서 정해 놓은 24절기는 그냥 아무렇게나 정해 놓은 것이 아니라고 힘주어 말을 한다. 이처럼 농사를 생업으로 하는 고로古老들은 절대적인 믿음은 음력陰曆이다.

지금 사랑舍廊방에서는 비를 몹시들 기다린다. 그것은 곧 깻잎 등으로 소득을 올릴 파종을 위해서는 비가 흠뻑 내려야만 하우스 재배의 비닐을 덮어씌울 수가 있기 때문이라는 것이다. 그만큼 농촌의 파종 시기는 시간을 다투듯 적기適期를 놓치지 않으려는 것이 농민들의 생활철학이기 때문이다. 요즘의 농사는 옛날의 농사가 아니다. 힘으로 농사를 짓는 것도 아니다. 모두를 기계에 의하여 농사를 짓기 때문에 파종이 무엇보다 중요시 된다. 밭작물도 거의가 묘종苗種에 의하여 짓는 농사이기 때문에 비를 기다리는 것은 당연한 것이다. 아무리 기계와 전파매체電波媒體가 고도로 발달된 복합기술의 농촌이라 할지라도 자연을 극복할 수는 없다. 비는 자연의 소산물이기 때문이다.

<2007. 2. 19>

25. 동신제洞神祭

산신제는 정월 3일부터 15일 사이에 지낸다. 산신수山神樹는 마을 뒷산에 있고 동신수洞神樹는 동구洞口에 있다. 산신과 동신의 양자를 함께 섬기는 것이 산동신제의 원형原型이다. 곧 마을 사람에게 산은 재목材木과 땔감, 산나물, 산과일, 산짐승(토끼, 노루) 등을 공급해 주는 삶의 터전이었다. 산에는 산군山君(산신령 또는 호랑이)이 백수百獸를 지배하고 있다. 이 산군의 뜻을 어기거나 해롭게 하면 반드시 호환虎患이란 보복이 있었다. 산은 하늘에 가장 가까운 곳이다. 천신天神은 지상의 모든 권한을 산신山神에게 위촉한다.

마을에 효자가 나면 그 효는 하늘을 감화感化하여 그 효자의 가호加護를 산신에게 위임했다. 그래서 그 효자가 길을 나면 반드시 산신은 멀리서 가호한다. 가령 부모의 급환

急患으로 의원醫員을 찾으면 산신은 효자를 등에 업고 가서 의원과 함께 다시 등에 업고 오거나 약을 구해 와서 부모의 병을 낫게 하는 전설傳說 등은 분명히 천신의 가호에 의한 산신의 가호였다. 반대로 불효자는 하늘이 직접 벼락 등으로 천벌天罰을 내리거나 산군이 직접 그 불효자를 호식虎食해 버린다는 천벌을 사람들이 알고 있는 인과응보의 두려움 인 것이다. 이런 증시적證示的인 사당祠堂은 곧 산신숭배의 원형이 된 것이다. 이 원형이 농경사회가 발달되고 부터는 산신제는 한발旱魃이 들게 되면 전동민이 총동원되다시피 하여 산신제를 지낼 뿐으로, 지금은 동신洞神 하나로 숭배되는 합 개념으로 정착되었다. 그리하여 이 산신제가 동신, 골매기, 서낭당, 당수나무 등으로 호칭하는데 이 동신洞神는 주로 마을 어귀에 있는 고목古木(느티나무, 물 포구나무)이다. 반면에 바위나 돌을 신주로 모시는 마을도 있다. 바위의 경우는 선바위 돌의 경우는 선돌이라 호칭하고 있다.

산신과 동신은 둘 다 수호신이다. 그러므로 동민을 위해 동제의 주관자가 지성을 다 하여 동제를 지내는 것은, 적극적으로는 풍년과 득남 득녀 내지 등과(합격)와 취업을 기원하고, 우회적으로는 호환虎患, 객사客死, 역질疫疾, 도난盜難, 침귀侵鬼로부터 동민 전체가 1년 내내 무사하기를 비는 정

초의 공동제의인 것이다. 이처럼 소중한 마을제사의 주관
자는 전년도의 동제를 마친 뒤에 행해진 동민회의에 의하
여 선출된다. 일단 선출된 동제의 주제자主祭者는 동민에게
인정을 받는 영광된 인물이므로 1년 동안 근신謹慎 생활을
해야 한다. 곧 일체의 흉사凶事에는 반드시 불참해야 하고
주석酒席, 도박장賭博場, 심지어는 부부싸움 마저도 있어서
는 안 되는 근신생활을 해야 한다. 만약 그해 동제를 주제
한 뒤에 마을에 질병, 참사, 화재, 흉년, 홍수 등의 불행이
있었다고 하면 동제 주제主祭한 사람이 근신을 잘못했기 때
문이란 등의 온갖 비난과 질시로 인하여 마을을 떠나야만
하는 예가 있었다. 때문에 동제 이후에 선출된 영광의 이름
은 고통 그 자체인 것이다. 그래서 일단 주제자인 유사有司
로 선출되면 혹자或者는 1년 동안 목욕재계하면서 각방생
활로서 근신謹慎생활을 해야 했다. 곧 일체의 흉사凶事에는
반드시 불문不問해야 하고 주석酒席이나 투전, 골패, 화투놀
이 등의 도박행위는 물론 부부싸움도 있어서는 안 된다. 마
을에는 반드시 효자, 열녀, 등과자登科者가 배출되었다는 증
시적證示的 사당을 자랑하는 마을도 있다. 이는 그가 사후
의 보답을 바라서가 아니라 자신의 잘못으로 마을에서 쫓
겨 날까봐 두려웠던 진정한 애향심의 발로였다

만약 그해 동제를 주제한 뒤에 마을에 질병疾病, 참사慘死, 재화災禍 등의 불행이 연속되었다고 하면 동제를 주제主祭한 사람이 근신謹愼을 하지 아니한 부정不淨 때문이란 온갖 원망과 질시嫉視로 인하여 마을을 떠나야 하는 불행도 있었다. 그러므로 동제 이후에 선출된 내년도의 동제 주제자主祭者는 영예榮譽가 아니라 고통 그 자체였다. 일단 선출된 내년도의 동제유사洞祭有司는 일년 내내 목욕재계沐浴齋戒로 치성을 다 하면서 각방생활로서 근신謹愼했다. 그런 치성致誠이 깃든 산신제와 동시제의 마을에는 효자, 열녀, 급제자及第者가 배출되었다는 증시적證示的인 사당을 가르치면서 마을의 문화적 전통성을 자랑하는 마을도 많다. 그 사당주는 그가 마을을 위해 제주祭主로서 치성을 다 했을 뿐이지 죽은 뒤에 사당에 제향祭享을 바라서가 아니라 진실된 애향심의 발로였다.

동제의 제수祭需를 위해서는 동답洞畓이 필요하여 걸립乞粒놀이로서 그 기금이 모여진다. 곧 그 걸립은 지신地神밟기인 것이다. 가가호호를 방문하며 그 집안의 구석구석을 돌아가며 뛰고 굴리면서 풍물을 두드리며 춤과 함께 선창先唱과 후렴으로 행하는 지신밟기가 그 집에서 마치면 집주인은 술과 함께 미곡米穀이나 금전으로 보답하면, 걸립패들은 다음 집으로 이동한다. 이런 놀이가 이웃 마을에까지 초청되기도 하여 15일까지 그 걸립기금乞粒基金이 해마다 적립積立되면, 동답洞畓이 마련되고 또한 마을의 길흉사吉凶事에 필요한 공동비품公同備品인 풍악(四物)과 반상飯床과 집기(什器) 등을 마련하게 되는 것이다. 이와 같은 산신제나 동신제는 마을의 안택安宅을 위한 유교식 축문祝文에 의한 제사祭祀이다. 반면에 지방에 따라서는 무당巫堂의 굿으로 동제洞祭를 지내는데 모두가 마을의 번영과 동민의 무사를 축도하는 통과의례인 자치활동의 한 단초적端初的 유형이 모여서 하나의 향약鄉約이 완성된 미풍양속의 동제라 하겠다.

<2007. 2. 26>

26. 정월 대보름

정월달은 초하루부터 보름까지는 온갖 토속적인 신앙행위, 놀이행위, 제의행위, 등이 있어 중국 같은 경우는 거의 한 달 동안의 춘절春節놀이로 즐기지만 우리의 경우는 보름까지로 끝이다. 특히 지금은 개화改化된 명절풍습名節風習에 눌려 설날과 추석의 공휴일이 양력 설날과 성탄절에 하루씩 할애되어 전통적인 명절의 풍속도를 잃고 말았다. 음력 정월초하루의 세제歲祭와 세배歲拜와 보름까지로 이어지는 상자上子 상진上辰 상오上午 상해上亥일과 인날人日(초 이래날)을 당하면 할머니들이 올리는 빌손(拱手)은 우리의 전통문화인 것이다. 설 명절에 세뱃돈을 챙긴 아이들도 이때쯤 이며 주머니가 얇아진다. 매일처럼 찾아오는 어른들의 서로간의 세배歲拜가 거의 끝이 나면 비로소 사당이나 서원을 참배하는 시간 등으로 분주하다. 청년과 장년들은 지신밟기와 씨름판에서 저마다의 재능과 힘을 겨룬다. 반면에 젊은 연인들은 경기장과 극장가에서 시간을 만끽한다. 이런 놀이의 나날이 흐르는 사이에 동신제의 몫을 맡은 어른들은 그 준비에 여념이 없다. 내가 살고 있는 두동면의 옻 밭 마을은 일주일 전부터 동신수洞神樹의 주위에 왼쪽 새끼를 꼬아 황토를 점점이 뿌려 놓고는 금줄을 쳐 부정不淨을 경계한다. 열 나흗날의 반야半夜에 유사有司 일행들이 경건하게 제사를 올리되 마을 사람들의 개개인을 호명하면서 소원을 대신하여 소지燒紙로 빌어준다. 아침이 되면 이 동제의 제수祭需로 온 동민이 함께 마을회관에서 식사를 마친다. 부인들은 윷놀이로 떠들썩하고 남정네들은 내년의 동제 주제자主祭者를 선정하는 회의가 진행된다. 청년들은 달맞이 행사를 위한 각자의 분담이 결정된다.

이날의 새벽은 기양祈禳행위의 하나로 아이들로 하여금 "후여 후여 하는 새떼 쫓기"로서 활대로 울타리를 치는 것에서 밝았다. 부인들은 누구보다 먼저 물을 길어다 갖가지 나물 새와 함께 오곡五穀의 찰밥을 지어 풍년을 비는 뜻으로 삼신단지 앞에 얹어 놓는다. 특히 대보름의 밥상은 한자리에 차리어 온 식구가 함께 첫 술에 김 쌈밥을 들면서, 금

년 농사짓기와 덕담을 하는 아침이다. 조손간 부자간의 덕
담들이 나이에 걸맞게 오갈 때 참으로 오랜만의 웃음꽃이
피는 대보름날의 밥상인 것이다. 그리고 어머니는 오곡밥
과 나물 새 등을 이웃들에게 돌린다. 동시에 이웃집들도 찰
밥과 반찬들도 어김없이 차려서 온다. 그리고 어린 소녀들
은 채(가루를 치는)를 들고 열 집의 찰밥을 얻어먹게 하면 얼
굴에 버섯이 피지 않고 또한 예쁘게 자란다는 것이다. 그것
은 이웃들에게 딸의 성장을 보이게 하는 동시에 다른 집들
의 먹 세와 예절과 풍속을 딸로 하여금 익히게 하는 것에
그 뜻이 있었던 것이다. 또한 오늘이 지나면 농사일을 준비
해야 하기 때문에 부인들은 윷놀이로, 처녀들은 정경도正卿
圖. 織錦圖놀이로 모처럼의 즐거운 시간을 보낸다. 지금도
같은 성손姓孫이 한마을에 살기 때문에 항렬行列로 보아서
는 조손祖孫간이지만 같이 성장하기 때문에 그런 것을 개의
치 않고 놀기 때문에 친분은 더욱 돈독해 진다. 남자 아이
들도 같은 또래의 나이들이기 때문에 놀 때는 항렬의 호칭
도 무시하고 즐겁게 지낸다. 이들은 여자들과 반대로 주로
바깥에서 얼음타기, 팽이치기, 연날리기 등으로 놀다가 오
후부터는 달맞이놀이를 준비한다. 그것은 깡통의 옆구리에
총총히 구멍을 내어 긴 철사 끈을 달아 빙빙 돌리기에 알

맞도록 한다. 그리고는 오늘을 위해 준비한 솔 공이에 불을 지펴 빙빙 돌리면서 이 논두렁과 저 밭두렁을 태울 때 "모기 밭에 불이야" "새삼 밭에 불이야" 하면서 불놀이를 한다. 이때 온 마을이 긴장과 웃음으로 시끄럽다. 모기 밭은 여름철의 모기를 박멸 하는 것이고, 새삼 밭은 콩밭의 새삼을 박멸하는 방서이다. 그리고 어른들의 긴장은 혹시나 하는 산불 때문이고, 웃음은 가장 어린 아이들이 불을 지르다가 넘어지거나 연기에 눈물과 콧물이 범벅이 된 모습 때문이다. 이것이 낮 동안의 불놀이이다. 요즘은 이를 금하고 있다. 그것은 산불 때문이다. 그리고 뭐니 뭐니 해도 보름날의 하이라이트는 달맞이다. 온 마을의 청년 장년들은 달이 뜨자 달집에 불을 지르면 온 동민의 환호성과 함께 농악이 울리면 춤으로 풍년을 기원하고 마을의 무사를 빌었다. 한편 부인들과 처녀들은 각각 다른 장소에서 달을 향해 절을 하면서 자기의 소원을 빌었다 그것은 득남, 입학, 취직, 무병장수와 좋은 배필 만나기를 소원했을 것이다. 한편 다리밟기踏橋와 성돌밟기踏城로서 치병治病을 바라는 노년층의 방역防疫놀이도 있다.

<2007. 3. 2>

27. 경칩驚蟄

    경칩은 24절후의 셋째로 계칩啓蟄이라고도 한다. 경칩은 우수雨水와 춘분春分 사이에 있으며 태양의 황경黃經이 345도에 해당되는 때이다. 우수가 지난 15일이면 경칩驚蟄이다. 금년의 경칩驚蟄은 3월 6일(음 1월 17일)이다. 경칩은 윤달이 없었다면 음력의 2월 절기로서 양력으로는 3월 5일 전후에 있다. 이날 이후면 땅속의 동물들이 겨울잠에서 깨어나 꿈틀거리기 시작하느니, 특히 이날을 흔히 개구리의 입이 터지는 날이라고 한다. 곧 개구리가 땅을 뚫고 밖을 나와 울음을 터뜨리기 때문에 개구리의 입이 터지는 날이라고 하는 것이다. 지금 화분의 매화꽃이 피고, 들에는 버들강아지가 푸른색을 띠고 있다. 필시 계곡의 맑은 물속에는 어린 물고기가 헤엄을 치고 있을 것이고, 거기에는 개구리의 알이 돌에 붙어 일렁이고 있을지도 모른다. 어쨌든 지금의 절기는 15일을 앞당기고 있다고 한다.

경칩날에 흙일을 하면 탈이 없다고 하여 벽을 바르거나 담을 쌓기도 한다. 특히 이날에 벽을 바르면 빈대가 없어진다고 믿었다. 반대로 빈대의 기생이 심한 집은 물에 재를 탄 그릇을 방 네 귀퉁이에 놓아두면 빈대가 없어진다는 속설이 있다. 그리고 이날 농촌에서는 보리의 생태를 보고 금년의 농점農占을 치기도 한다. 특히 이날 개구리나 두꺼비의 알을 먹으면 보양補陽이 된다하여 "용알 먹는다" "경칩먹는다"고도 한다. 개구리 알은 그냥 먹거나 소주에 타서 먹는다. 개구리의 알 먹기는 탈피脫皮 갱생更生을 되풀이 하는 동물의 알을 먹기인데, 인간의 불로장생不老長生을 희구하는 원시신앙과 관계가 있다. 두꺼비를 한대漢代 이래로 피병避病과 벽사辟邪의 힘이 있다고 하여 두꺼비를 잡아 약을 지을 때 조합調合하는 으뜸의 약재藥材라고 한다. 우리의 경우 개구리는 양기陽氣를 돕고 두꺼비는 요통腰痛, 해수병, 나병癩病에 효험이 있다고 한다. 이로 보면 분명히 창약創藥 내지 속신俗信과 관계가 있다고 본다. 곧 고구려 벽화에 두꺼비의 그림이 보이고, 동부여東夫餘의 시조 금와왕金蛙王의 탄생신화에 "천제天帝가 말하기를 이곳은 해모수解慕漱의 자손이 북부여北夫餘를 세울 것이니, 해부루解夫婁는 동해변의 가습원迦葉原에서 동부여東夫餘를 세우라고 해부루의 신하인 아란불阿蘭弗의 꿈으로 가리킴에 그곳으로 도읍을 정했다. 해부루는 늙도록 자식이 없었다. 어느 날 산천에 제사를 올려 후사를 원했는데, 이때 타고 가던 말이 곤연鯤淵에 이르러 큰 돌을 보고는 멈추어 눈물을 흘렸다. 왕은 이상히 여겨 저 돌을 들추어 보게 하니 거기에 어린애가 하나 있었다. 모양이 금빛 개구리와 같았다. 왕은 기뻐하며 말하기를 이는 필경 하늘이 나에게 아들을 주시는 것이다 하고 그 아이를 거두어 이름을 금와金蛙라고 했다. 차츰 자라자 태자太子로 삼았다. 해부루가 죽자 금와왕金蛙王으로 동부여의 통치자가 되었다. 그가 죽자 태자인 대소帶素가 왕위를 이었다"는 이야기에서, 금와왕은 하늘이 돌 밑에서 개구리 모양의 아이로 점지하여 동부여 왕으로 삼게 한 것이다. 갓 태어난 아이는 개구리 모양과 같다고 한 천신天神의 비유인 것이다.

어쨌든 개구리는 봄소식을 제일 먼저 알리는 전령사이다. 추운 겨울을 얼음 밑 돌 밑에서 인고忍苦의 생활을 하다가 우리 인간에게 봄소식을 전해준다. 계림鷄林 숲에서 하늘의 아들 김알지金閼智의 탄생을 알리는 닭의 울음소리에 사람들이 알지를 얻었다는 신화이다. 그리하여 닭은 본향인 하늘이 그리워 매양 하늘을 향하여 길게 목청을 돋우는 것이라고 한다. 곧 닭은 우리 인간에게 시간을 알리는 전령사이고, 개구리는 봄을 알리는 전령사이다.

위와 같은 신화로 해서 닭은 봉황鳳凰으로 상징하고, 개구리는 금와金蛙로 상징하는 것이다. 그러나 그들은 우리 인간을 위해 매양 보양식補陽食으로 희생한다. 요즘 계곡의 돌을 일으키면 개구리가 움츠리고 있다. 사람들은 아무런 생각 없이 개구리를 마구 잡아먹는다. 그들이 기지개도 켜기 전에 죽어 가는 것이다. 아무리 단속을 한다 하여도 깊은 산속의 옹달샘에서 흐르는 천연수를 먹고 사는 개구리와 산수어山水魚는 보양식이 될 수밖에 없다. 제발 그들이 알을 낳은 후에 희생되었으면 한다. 요즘은 고로쇠나무의 수액 채취하기 위해 입산하는 사람들이나 등산객들이 그들의 감시자가 돼야 하겠다.

<2007. 3. 5>

28. 영등제靈登祭

　　음력으로 2월 1일(양 3월 19일)을 영등할미가 내리는 날이라 한다. 이날을 영등신靈登神이 내린다는 상징으로 바람이 불고 비가 내려야만 되는 날이라고 한다. 그것은 곧 농사철을 앞둔 봄바람이자 봄비인 것이다. 그리하여 이날을 바람날이라고도 한다. 그리고 지역에 따라 호칭은 다르지만 민속적 행위는 거의 같다. 영호남嶺湖南에서는 연등신靈登神, 영등할미, 충청도에서는 영동신永洞神 또는 영동靈童할멈, 강원도에서는 영동신靈動神, 또는 영동신靈動神이라 하고, 제주도에서는 연등신燃燈神 또는 영등할으방으로 호칭하고 있다.

　　『동국세시기東國歲時記』에 보면 건릉健陵(太祖) 병진丙辰에 당唐으로부터 중화절中和節을 받아들였다는 고사故事가 있다. 이 날이 곧 2월 1일인데 백관百官이 농서農書를 펼쳐 보

면서 농사에 힘쓰라는 화척和尺의 뜻이라는 것이라고 이필
李泌의 상주上奏에서 밝히고 있다. 그리고 이날 솔잎을 시루
에 쪄 그 가루로 송병松餅을 만들어 노비奴婢와 머슴禾尺에
게 먹이는 '머슴 날'이라고 한다. 떡집에서는 이날 붉고 검
고 푸른 팥으로 떡을 만들어 팔았다. 혹은 대추를 썰어 넣
어 찜 떡을 만들어 꿀에 찍어 먹기도 하고 혹은 미나리 전
煎을 부쳐 먹기도 했다하여 그때부터 영등할멈 떡이라고
했다. 그리고 이날 집안을 깨끗이 청소를 하고는 백지白紙
에 "향랑각씨 소거천리香娘閣氏 速去千里"라 써서 처마에 붙
여 두면 그해는 노랭이馬陸虫가 일지 않는다는 벽사辟邪 행
위인 것이다. 그리고 영남嶺南에서는 집집마다 가신家神을
모시고 있는데 이를 영등신靈登神 또는 신주神主라고 하는데
이날 영등신이 하강下降하는 날이라 하여 집집마다 울타리
에 꽂아둔 목간木竿 끝에 백지白紙와 오색五色 헝겊을 달아
놓고는 찰밥과 나물과 떡을 신주 앞에 차린 다음 주부들은
한 해의 풍농豊農과 식구들 개개인의 행운을 비는 소지燒紙
를 올린 다음 섬밥을 뒤주 위에 얹어 둔다. 그리고는 짚 꾸
러미에 밥과 나물을 담아 울타리의 군데군데에 얹어 두면
날짐승들이 즐겨 쪼아 먹는다. 이런 무격巫覡 행위로 영등
신靈登神을 맞이한다. 이날로부터 15일 내지 20일까지는 기

인忌人(服人, 病者)의 접촉을 피하기 위해 출입을 삼가한다고 했다. 예로부터 그만큼 풍년을 기원하는 소원이 간절하기 때문에 2월 1일의 연등제靈登祭는 온 나라가 농사를 힘써 가꿔야할 하나의 농무절農務節로 보면 된다.

제주濟州에서는 이날 귀덕歸德마을과 김령金寧마을과 애월涯月 마을에서 12개의 목간木竿을 세워 놓고, 밤에는 등불을 낮처럼 밝히고 영신迎神굿으로 연등 할으방을 맞이했다는 것이다. 곧 연등 할으방이 소섬牛島에 1월말에 들어와서 2월1일은 한림읍翰林邑의 한수리翰洙里에 있는 연등당燃燈堂에서 제祭를 받치는 말머리馬頭와도 같은 고깔을 쓰고 비단옷 차림의 무당들이 꼭 말이 뛰듯 춤을 추어 연등 할으방을 즐겁게 했다는 것이다. 그 사이의 전 도민島民들은 일체의 어로漁撈 행위를 금한다는 것이다. 그것은 혹 바다에서 고동을 캐어 오면 속이 텅 비었다는 것이다. 그것은 연등 할으방이 다 먹어버렸기 때문이라는 것이다. 그리고 이날 비나 바람이 불지 않고 청명하면 흉어凶漁가 든다고 점치기도 하였는데, 역시 이날은 구름이 끼거나 비가 내려야 좋다는 것이다. 한편 제주의 신화神話본풀이에 보면 "성姓은 황씨黃氏이고 이름은 연등燃燈인데 그는 사람이 아니다. 그렇다고 저승도 사람도 아니고, 용왕국 사람도 아닌 연등대왕

이 무휴에서 솟았다. 곧 그는 동정국 애기씨와 서정국의 부인씨 사이에서 태어났다고 한다. 그는 소섬牛島에도 부인이 있고, 한수리翰洙里에도 부인이 있고, 청산도靑山島에도 부인이 있었다는 무속신화인 「연등대왕 본풀이」에 근거를 두고, 일 년에 한 번씩 제주도민들의 삶을 보살펴 주는 연등신이라 하여" 정성껏 제사를 지내고 있다.

비록 이 민속이 당송대唐宋代의 중화절中和節이 조선 초기에 들어온 영등靈登할미로 정착된 민족 고유의 빌손(拱手)임에는 틀림이 없다. 2월 초순(양력 3월 중순)이면 비를 실은 구름을 풍신風神이 몰아와 비옥한 농토를 푹 젖도록 내려달라는 현대적 농심農心들의 농무절農務節이란 이름으로 부여하고 싶다.

<2007. 3. 19>

29. 춘분春分

3월 21일(음 2월 3일)은 춘분이다. 24절기의 하나인 춘분은 태양이 적도 위를 똑 바로 비추므로 밤과 낮의 길이가 같다. 곧 오늘부터 낮의 길이가 하지까지는 길어짐으로 농촌에서는 씨를 뿌리기 시작하는 절기를 알리는 것이 춘분인 것이다. 2월 1일의 영등신이 내렸으므로 식모들과 머슴들은 8일까지는 휴식이다. 이들은 각자가 자기 집으로 돌아가는 1주일간의 춘계방학과도 같은 것이다. 예로부터 영등절靈登節에 일을 하면 손에 가시가 든다고 하였다. 곧 이날은 머슴들을 위한 동반 휴식을 의미하는 날이기도 하다. 1주일간 식모들과 머슴들의 휴가 때문에 손쉬운 보리밟기와 감자 심기는 집안사람들의 몫이기도 했다. 씨 뿌리기의 시간은 그만큼 중요하기 때문이다. 휴가이후의 고된 농사 때문에 식모들은 주인집 울타리를 잡고 울고, 머슴들은 지게 다리를 잡고 울었다는 속담도 전한다. 그만큼 옛날의 농촌 생활의 주종主從 관계는 어려웠음을 의미한다.

춘분은 본격적인 농사철을 의미한다. 아직은 바람이 많이 부는 관계로 불조심을 해야 한다. 산불과 가정집의 화재 소식에 가슴 아픈 뉴스들도 있다. 뜻밖의 꽃샘추위와 눈보라로 등반사고를 접하는 뉴스도 있다. 이로 보면 "2월 추위에 김칫독 터졌다" 느니 "꽃샘추위에 중늙은이 얼어 죽는다"는 속담은 헛말이 아닌듯하다. 이때는 바다에 나가 고기잡이도 하지 않는다고 한다. 아무튼 영등신의 심술이 대단하다는 것을 이름붙인 옛사람들의 지혜에 새삼스럽게 감탄하지 않을 수가 없다.

2월 8일 이후로 시작되는 머슴들의 첫 작업은 보리밭에 비료주기이다. 얼어붙었던 보리밭을 주인집에서 밟지 않았다면 반드시 밟은 뒤에 물 비료를 쳐야 한다. 그 다음이 논에 거름을 낸 다음 논갈이를 한다. 요즘은 보리밭도 없거니와 식모살이나 머슴살이도 없을 뿐만 아니라 논밭갈이도 소몰이에 의한 쟁기질이 없고 전부가 경운기와 트렉터에 의한 논갈이이기 때문에 농촌의 고용살이가 있을 수 없다. 도시에 나가 있는 자녀들이 일요일을 이용하여 농기구를

운전해 주거나, 젊은 영농민이 품을 받고 논밭갈이를 해 주고 있다. 지금 농촌의 현실은 분명히 노령화되어 있다. 이들이 죽으면 폐농될 것임은 분명하다. 생각하면 농촌의 앞날에 붉은 불이 분명히 켜져 있다.

중국 명明나라 때 전여성田汝成의 『서호유람지여西湖遊覽志余』에 의하면 우리의 영등절靈登節을 중화절中和節이라 했고, 근년에 와서는 호박안胡朴安이 『중화전국풍속지中華全國風俗志』에 춘용절春龍節이라 하였을 뿐, 춘분절春分節은 없다. 있다면 우리의 답청踏靑과 같은 것을 그들이 붙인 절기의 명칭이라면 중국의 경우는 농경생활農耕生活을 중심한 명명命名인 듯했다. 답청절踏靑節은 한족漢族들의 전통적인 절일節日이되 지역에 따라 절일節日의 날짜가 달랐다. 공통적인 것은 청명淸明 한식寒食을 전후한 10여 일 간에 성중의 선비들과 아낙들은 화려한 옷차림을 하고 꽃배에 몸을 싣고는 피리와 북을 치며 봄놀이로 연일 그칠 줄을 몰랐다고 하니, 답청踏靑의 의미는 보리밟기가 아니라 춘초春草를 밟고 즐기는 절일節日임을 알 수 있었다. 한편 야외野外에 나가 술상을 차려 놓고 서로 주고받고 하다가 날이 저물어서야 집으로 돌아갔다고 함을, 당대唐代의 시인 두보杜甫는 "꽃이 번화한 곳에 이날을 더더욱 즐기는 가/ 장사에 나들

이한 사람 천 사람은 더하여 만 사람 이러라/ 배 건널 언덕
엔 푸른 버들 곱고 밝아서/ 꽃신으로 밟는 굽 소리 앞 다투
어 건너는 답교踏橋"라 노래했음을 보아 장사長沙 땅 만발
한 꽃동산과 늘어진 수양버들 사이로 천千사람 만萬사람이
즐기는 밝고 고운 웃음소리와 꽃신발로 다투어 건너는 장
사교長沙橋의 답청놀이는 우리의 춘분절과 같다고 본다.

　춘분春分은 농촌의 여기저기에는 쑥을 캐고 달래를 캐는
도시의 아낙네들이 삼삼오오로 모여 이중二重의 봄을 즐기
는 모습에서 분명히 추위는 가고 봄은 온 것이다. 그리하여
지금의 농촌에서는 텃밭에 감자와 상추를 심기에 한창이다.

<2007. 3. 21>

30. 서원書院의 춘향제春享祭

유교儒教의 본산인 성균관을 위시하여 각 지방에 산재해 있는 성균관의 분관격인 향교鄕校는 유교문화 및 지방문화의 산실産室이다. 각 군 소재지마다에는 반드시 향교(문묘, 文廟)가 있다. 곧 향교는 국가가 세운 관립학교官立學校이므로 그 향교의 전교典教는 곧 교장校長격인 것이다. 그리고 향교마다에는 반드시 교궁校宮인 대성전大成殿이 있는데 거기에는 공부자孔夫子를 주벽主壁으로한 사성四聖과 송조 이현宋朝 二賢과 신라조 이현新羅朝 二賢과 고려조 이현高麗朝 二賢과 조선조 십사현朝鮮朝 十四賢 등 25위位의 위패位牌를 모시고, 춘추春秋(음 2, 8월)의 초정일初丁日과 중정일中丁日의 하나를 골라 향례享禮를 올리고 있다. 대개 향교는 초정일에, 서원書院은 중정일에 향례를 지낸다. 금년의 춘향제春享祭인 초정일은 3월 24일(음 2월 6일)이고, 중정일은 4월 3일(음 2월 16일)이다. 그리고 추향제秋享祭인 초정일은 9월 20일(음 8월 10일)이고, 주정일은 9월 30일(음 8월 20일)이다. 다시 말하면 울산 향교의 춘향제는 3월 24일이고, 울산 구강서원鷗江書院은 4월 3일이다. 그러나 서원의 경우, 향교처럼 춘추春秋의 두 차례로 지내는 제향이 아니고, 춘추 가운데 한 계절만 택하되(고정되어 있는 제일(祭日)도 있다), 초정일과 중정일도 하나로 택하면 된다. 이 춘추春秋의 제향祭享은 유교의 대 스승인 25현의 학문을 배우며 그 인품을 본받아 경모敬慕하면서 "졸업과 동시에 등과登科하는 모범적인 교생校生이 되라"는 훈화적이고 상징적인 의미의 교궁校宮이, 반드시 향교의 본전本殿에 서 있고 그 다음이 강당講堂을 중심으로 한 건물이 되며, 여타는 동재東齋와 서재西齋 삼문三門 등의 부속 건물인 것이다.

지성至聖(<공자(孔子)>)을 주벽主壁으로 한 사성四聖(<안자(顔子), 증자(曾子), 자사(子思), 맹자(孟子)>) 부성復聖(<정자(程子), 주자(朱子)>과 분헌단分獻壇으로한 우리나라의 "신라新羅(설총(薛聰), 최치원(崔致遠)>) 고려高麗(<안향(安珦), 정몽주(鄭夢周)>) 조선朝鮮(<김굉필(金宏弼), 정여창(鄭汝昌), 조광조(趙光祖), 이언적(李彦迪), 이황(李滉), 김인후(金麟厚), 이이(李珥), 성혼(成渾), 김장생(金長生), 조헌(趙憲), 김

집(金集), 송시열(宋時烈), 송준길(宋浚吉), 박세채(朴世采)>"인 25현의 위패가 대성전(교궁, 校宮)에 모셔져 있다. 그런데 이 대성전의 주벽主壁과 사성四聖 외의 성현聖賢과 25현은 그 지방의 향교창설당초의 논의에 따라 봉안奉安 위패주位牌主가 다를 수 있기 때문에 균일하지 않다.

그런데 유교의 종주국宗主國인 중국은 지난 문화혁명 10년 동안 문묘제도 서원제도 심지어는 공자묘제孔子廟祭까지 폐지되어 그 제의祭儀의 순차順次를 한국에서 배워 갔다는 후문임을 보아 유교문화의 종주국이 바뀌었다는 농담이 나올 만큼 유교문화의 전통적 상징인 향교와 서원이 숭상되고 있다. 예로부터 사祠, 서사書社, 정사精舍, 서당書堂, 서원書院, 전殿, 교궁校宮의 순으로 호칭되는 계층이 있었는데, 지금은 향교와 서원으로 대별된다. 향교는 관립官立이라면 서원은 사립私立이다. 조선시대 당쟁黨爭의 대립으로 향교와 서원의 힘이 뒤바뀌어 사액서원賜額書院의 횡포가 극에 달하자 대원군大院君의 서원철폐령으로 전국에서 140여 개만 남았다가 지금은 많은 서원이 복원되었다. 울산에도 사액賜額서원이었던 구강서원을 위시하여 석계石溪, 용연龍淵, 학산鶴山 등의 서원이 복원 내지 창건되었다. 그런데 울산의 문화재(기념물) 제1호인 박제상朴堤上유적지인 치산사瑪山

祠는 울산시가 세운 "국립 충효열忠孝烈의 삼강三綱사상 증시장證示場"이다. 이를 현충사顯忠祠처럼 (울산시 지방문화재 제1호답게) 서원書院이나 사祠로 승격시켜야 한다고 본다. 그것은 삼강사상 증시장證示場으로서는 전국에서 유일하기 때문이다. 지금 구강서원鷗江書院은 울산시가 학성동에 복원하여 중구청에 그 관리권을 이양하여, 지금은 중구청이 운영하는 국가기관 다운 직원과 관리자가 고용되어 있다.

지금 "치산사 보존회"에 의하여 치산사는 중정일中丁日에 춘향제春享祭를 지내고 있다. 다행히 지난달부터 "충효열忠孝烈 테마관광 자원화사업"의 기공식이 거행되었다. 향후 2년 뒤면 그곳은 관리자가 임명되어 잘 운영되겠지만, 치산사도 거기에 합쳐져 관리되었으면 좋겠다.

<2007. 3. 23>

31. 청명절淸明節

청명淸明은 24절기의 하나이다. 금년은 4월 5일(음 2월 18일)이고 한식은 다음날인 4월 6일(음 2월 19일)이다. 이날은 태양이 황경黃經 15°에 도달한 날이 청명이며 음력으로 2월 중순이다. 곧 춘분春分 15일 후, 곡우穀雨 15일 전에 청명이 온다. 농가에서는 이날을 기해 봄 농사를 시작하므로 이날에 특별한 의미를 부여하고 있다. 『동국세시기』에 의하면 궁중에서는 이날 내병조內兵曹(궁내 국방부 분실)에서는 새로운 절기에 든다하여 느릅나무나 버드나무에 구멍을 뚫고, 삼으로 꼰 밧줄을 꿰어 양쪽에서 서로 톱질을 하듯이 하면 그 마찰 때문에 불이 일어난다. 이 불을 임금께 올리면 임금은 그 불씨를 홰에 붙여 각 관아官衙와 모든 현관顯官 집에 나누어 주었다. 그러나 『열양洌陽세시기』에는 한식날에 이러한 행사를 하는 것으로 기록되어 있다. 여하튼 이런 풍속은 옛 시속時俗에서 전해진 것으로, 불을 소중히 여긴 것으로부터 유래한 것이다. 옛날 불을 발견하기 이전 생식生食하던 동물적인 시대는 불을 발견하고부터 화식火食시대로 전환되자 문명文明이 크게 열리고 생활환경도 다양하게 진전됨에 따라 불은 더욱 소중시 되었다. 청명절에 임금으로부터 불씨를 하사받은 관아로부터 민간으로 내림 받은 그 불씨는 곧 생명의 불씨이자 문명의 불씨였다. 집집마다는 불씨를 지키기 위해 사랑방과 안방의 화로火爐에는 항상 불씨가 보호되어 있었다. 만약 주부가 그 불씨를 잃어버리거나 실수로 불씨를 꺼버렸을 때 부득이 주부는 이웃집에서 불씨를 훔쳐 오는 도리 밖에 없었다. 이처럼 불씨를 잃어버렸을 경우는 이웃의 어느 집에서 불씨가 꺼졌기 때문에 훔쳐간 것임을 이해를 하면서도 그도 어쩔 수 없이 이웃집의 불씨를 훔쳐오는 것이다. 그것은 어른이 알면 보통의 꾸중이 아니었다. 왜냐하면 불씨는 곧 그 집의 재물과 복록과 운기運氣가 직결되어 있기로 어른들 몰래 불씨를 훔치는 것이다. 그리고 불씨를 나누어 준다는 것은 자기 집의 복과 운이 빼앗긴다고 생각하기 때문에 좀체 불씨를 나누어 주지 않았다. 그래서 부득이 불씨를 훔치는 것이었다. 항상 사랑방과 안방에 불씨를 보호하는 것은 어느 한쪽의 불씨가 꺼져도 그 집의 불씨는 지속되기 때문이었다.

요즘처럼 과학만능의 사회가 아니고, 느릅나무의 마열磨熱로 불씨를 얻거나 부싯돌로 불을 얻었을 때를 생각하면 앞의 이야기가 이해 될 것이고 또 청명절 궁중에서 불씨를 신하에게 하사하는 풍속은 국가적인 차원의 화식권장과 문명사회에의 발전을 위한 연중행사의 하나로 되돌아보는 역사시대의 청명절淸明節이었다. 생각해보면 일제日帝 말에 쑥대를 말려 홰를 만든 불씨로 논둑에 놓아두고 담뱃불을 당기시던 할아버지의 생각이 난다. 불과 50년 상거相距에 지금은 우주과학과 첨단기기와 통신산업 등은 바로 불의 힘이 아닌가? 선인들의 불사랑은 오늘의 사회로 발전 시켰다.

한편 청명절은 겨울의 추위에 돌보지 못했던 선산先山을 돌보며 배묘拜墓하는 날이다. 그리고 이날이면 묘소를 이장移葬해도 좋고 또한 사토沙土를 더하여 봉분封墳을 높이는 등 단장을 하는 날로 정해져 있다. 그 단장이 한식寒食날까지 이어지기도 하고 더 이어져도 아무런 동티가 나지 않는다고 한다. 이처럼 선산先山은 조상들께서 기거起居하는 별당別堂으로 알고 있기 때문에 그 유택幽宅을 항상 손질하는 것이 우리민족의 숭조관崇祖觀이다. 그러므로 청명淸明은 글자 그대로 날씨가 맑고 깨끗한 날이니 봄 일을 시작하기에 더 없이 좋은 날임을 의미한다. 그러나 제주濟州에서는 이 날은 날씨가 흐려야만 농작물에 풍년이 든다고 한다. 너무 맑으면 농사가 시원치 않다고 풀이하는 말이 된다. 또한 청명과 한식날에는 신神이 하늘에 올라갔으므로 유택이 비어 있어 묘소를 손질을 하는 날이라고 한다. 속신俗信에 따라 묘역에 집안에 심지 않는 백일홍을 심는다. 그리고 내륙에서도 녹나무, 자구나무, 등나무, 포도나무, 백일홍, 버드나무는 집안에 심지 않는다고 한다.

4월 5일은 식목일이다. 이날은 기념일로서 온 국민이 나무를 심는다. 우리의 강산이 일제日帝의 송액채취松液採取와 6·25로 폐허화되었었다. 그 후 우리는 입산을 금하고 연료를 무연탄으로 대체하면서 열심히 나무를 심고 가꾼 결과 오늘과 같은 삼림森林이 되었다. 그런데 요즘 재선충으로 소나무가 죽어가고 있다. 우리가 그동안 흘린 땀이 헛되지 않도록 방제防除에 온힘을 다 하자.

청명절은 본래 한족漢族 및 묘족苗族, 나시족納西族, 몽고족蒙古族의 전통명절로 알려져 있다. 곧 『월령칠십이후집해月令七十二候集解』에 의하면 청명은 양력으로 4월 5일을 전후한 날이니, 만물은 이날의 새아침을 맞는 청명清明이라 했다. 이날을 소묘掃墓와 답청踏靑의 명절名節이라 했다.

<2007. 4. 5>

32. 한식寒食

한식寒食은 4월 6일(음 2월 19일)이다. 한식은 우리나라 사대 상묘일四大上墓日(正朝: 11월 1일, 단오, 추석) 가운데 하나인 봄에 해당하는 묘제일이다. 이날은 동지冬至 후 105일 또는 그 다음날에 한식이 들며, 한식이 청명과 같은 날일 때도 있다. 이날 술, 과일, 포, 떡, 면, 전 등의 제수를 장만하여 조상의 무덤을 찾아 재를 지내는데 그 명칭을 절사節祀라 했다. 이 가운데 한식과 추석이 가장 성대하여 곱게 차려 입은 여인들의 묘제행렬이 이어졌다고 한다. 이 고속古俗은 당나라 정정칙鄭正則의 『사향의祀享儀』에서 전한다. 그리고 전란 등으로 묘소를 잃었을 때는 망묘제望墓祭하라는 공자孔子의 가르침도 그 책에 담겨 있다고 한다. 당나라 개원開元 20년부터 국정일로, 이날은 관원에게 휴가를 주어 오대五代 이상의 산소에는 시제時祭처럼 제사를 지내게 했다고 한다. 그런데

제齊나라에서는 이날을 냉절冷節 또는 숙식熟食이라고 했다. 이날은 풍우가 심하여 불 다루기를 금하고 찬밥을 먹게 했다는 유래에서 온 말이라고 전한다. 한편 중국 춘추전국시대에 중이重耳가 망명하여 유랑하다가 진晉나라 문공文公이 되었다. 전날의 충신을 포상하였다. 이때 문공이 과거 굶주렸을 때 스스로 허벅지의 살을 도려 바쳤던 충신 개자추介子推가 포상에서 빠지자 그는 부끄러워 산중에 들어 숨어 버렸다. 문공이 뒤에야 잘못을 뉘우치고 그를 찾았으나 산중에서 나오지 않으므로 산에 불을 지르면 나오리라 생각하고 불을 질렀다. 그러나 끝내 나오지 않고 홀어머니와 함께 서로 껴안고 버드나무 밑에서 불에 타 죽었다고 한다. 이에 문공은 그를 애도하는 뜻으로 이날은 불을 쓰지 않고 찬 음식을 먹었다고 하여 한식寒食이라 하였다는 것이다.

우리는 고려시대에 들어와서 한식이 대표적인 속절俗節의 하나가 되었다. 그것은 상묘上墓를 허락하였고 죄수에게는 감형減刑의 은전을 베풂으로써 한식날을 숭상하는 사회로 발전 하였다. 그리고 시속時俗은 동지冬至를 하나 더 보태어 오절五節로 정착되었다는 기록이 『동국세시기』에 전한다. 이 풍속은 조선시대에 이르러 민속적 권위가 고조되어 이날은 반드시 성묘를 행하는 의식일로 굳어졌다. 나라에서는 이날 종묘宗廟의 각 능원陵園에 제향을 지내고 관원들에게는 공휴일로 하여 선산에 성묘하도록 하였다. 민간에서는 산소를 찾아 제사를 올리도록 하였는데 주로 사당祠堂과 재실齋室의 향제享祭로 발전하였다.

농가에서는 이날 텃밭에 봄 씨앗을 심고 뿌린다. 심는 것은 춘분에 이미 감자, 씨 고구마, 야콘, 등을 심었다. 그 밖에 고추, 오이, 호박 등은 지금 묘포장인 비닐하우스에서 무럭무럭 자라고 있는데 곧 노지에 심어질 것이다. 봄채소 씨앗은 지금 뿌려지고 있는데 주로 상추, 쑥갓, 시금치 등이다. 그러나 자연생인 쑥과 달래는 이미 밥상에 오른 지 제법 되었지만 채전 밭에 심어진 취나물은 제법 자랐다. 아마 양지쪽에 있는 취나물은 제법 자랐을 것 같다. 지금 진달래와 산 벚꽃은 온통 산을 물들었다. 봄맛을 느끼게 하고 입맛을 돋우게 하는 것은 부추와 유채로 갓 절임을 하고 그 옆에 파전을 구워 차린 밥상의 봄맛은 이루 말할 수 없는 새봄의 맛이다. 지금 경주 보문단지에는 상춘객이 꽃샘 추위를 느끼면서도 벚꽃처럼 활짝 웃고 있었다. 돌아오는 길에 진달래꽃을 비닐봉투에 따서 꽃전을 구워 술안주를 했다. 그 꽃전의 맛에서 옛 어른들이 이름 지은 화전花煎과 화전놀이는 너무나 산촌에 사는 사람들에게는 실감이 나는 놀이문화와 연상이 되는 이름이었다. 진달래꽃으로 구운 꽃전은 향긋한 냄새와 함께 씹어보는 봄맛이었다.

지금 앞산과 뒷산에는 청명과 한식날에 상묘제上墓祭를 지내거나 아니면 부모님의 묘소를 성묘하는 자손들이 있는 가 하면, 봉분이 허물어져 사토하는 자손들이 많다. 그런데 이장移葬의 경우는 오대조 이내의 소 문중별 또는 삼대 이 내의 가족단위별로 납골당을 조성하여 유골을 안치하기 위 해 이날을 맞아 지금 파묘하는 집안들이 많아 지금 소형 포크레인이 독시가 난다. 그리고 빗돌을 세우기 위해 돌 다 듬이 현장도 바쁘다. 아울러 묘역 재정비를 위하여 관상수 와 꽃나무를 심기위해 지금 조림업체도 큰 성수기이다. 그 런데 이참에 하나 짚고 넘어 갈 말이 있다. 그것은 곧 납골 당이다. 맑고 조용한 산속을 들어가면 화강암의 조형물이 산행을 위압한다. 형태도 각형 각색이다. 생각하건데 묘소 처럼 궁융형穹隆型으로 조성하여 위에는 잔디를 입히면 일 반 묘소와 같아서 보기에도 좋다. 그러나 여타의 납골당은 앞으로 자연을 훼손하는 흉물로 지탄을 받을 것으로 생각 한다. 모두 한번 생각해 볼 일이다.

<2007. 4. 6>

33. 삼월 삼재三月 三災

　오늘이 삼월 삼짇(양 4월 19일) 날이다. 곧 음력으로 3월 3일이기 때문에 삼월 삼짇인 것이다. 이날이면 강남 갔던 제비가 돌아온다고 했다. 그리고 돌 틈에서 잠자던 뱀이 나오는 날이라고 했다. 그런데 요즘은 기상이변이 심하여 봄인지 여름인지를 분간을 못하리만치 날씨가 춥기도 하고 덥기도 하여 변덕스럽다. 『동국세시기東國歲時記』에 "이날을 맞으면 계절음식으로 두견화杜鵑花를 따다가 찹쌀가루와 버물어 참기름에 전을 구워 먹었으니, 이름 하여 화전花煎이라 했다. 이는 예로부터 오병熬餠이라 했다. 곧 구운 떡을 말한다. 또한 두견화와 녹두綠豆가루로 반죽하여 면발처럼 썰어 오미자五味子물에 삶아 화밀花蜜과 해송자海松子를 띄운 국수를 화면花麵 또는 녹두면綠豆麵이라 했다. 특히 해마다 진천鎭川에서는 3월 3일부터 4월 8일까지 아낙네들은 무당巫堂을 거느리고 우담산牛潭山에 올라 동쪽의 용왕당龍王堂과 서쪽의 삼신당三神堂에서 올리는 기자祈子 무속巫俗이 하도 영험靈驗이 있어 사방에서 여인들이 모여 들었다고 한다. 동시에 구경꾼 또한 줄을 이었다"고 한다.

삼재三災라 함은 수재水災, 화재火災, 풍재風災 또는 병난兵難, 역질疫疾, 기근饑饉의 세 가지 재앙災殃으로, 이 삼재를 누구나 맞게 되는 것이 아니라 같은 해에도 삼재에 해당하는 사람과 해당되지 않은 사람이 있는데, 그 간지干支는 다음과 같다. 십이지十二支로 따져서 사유축巳酉丑에 태어난 사람은 해자축亥子丑년에 삼재가 들고, 신자진申子辰에 태어난 사람은 인묘술寅卯戌에 삼재가 들고, 해묘미亥卯未년에 태어난 사람은 사오미巳午未에 삼재가 들고, 인오술寅午戌에 태어난 사람은 신유술申酉戌에 삼재가 든다고 한다. 따라서 누구나 다 9년마다 삼재를 맞는다. 이 삼재를 면하기 위해 머리가 셋인 매鷹를 그려 문고리에 붙이면 재앙을 물리칠 수 있다고 한다. 삼재운三災運이 든 첫해를 "들삼재", 둘째 해를 "누울삼재", 셋째 해를 "날삼재"라 한다. 가장 불길不吉하기로는 들삼재이고 다음이 누울삼재·날삼재 순이다.

삼재를 믿고 금하는 풍속은 지방과 사람에 따라 다르다. 특히 어른 중 호주가 들삼재이면 그 해에 며느리를 보거나 합가合家하면 안되고, 날삼재가 든 사람이 있으면 딸을 시집보내거나 분가分家시키면 안 된다. 반대로 날삼재에는 사람이 들어도 되고, 들삼재는 사람이 나가도 된다. 그리하여 부모나 조부모 가운데 삼재가 드는 해에는 자녀의 혼사를 피한다. 이 삼재를 막기 위한 주술呪術행위를 "삼재뱅이," "삼재막이"라 한다. 그래서 삼재가 들면 부적을 붙이거나 부적을 몸에 지니고 다닌다. 또한 큰방의 문지방 상단에 "삼재부三災符"를 붙이는 예가 가장 많다. 또한 입춘첩立春帖을 붙일 때 길운吉運의 글귀를 써 붙이는 예도 있다. 아니면 점술가에 의하여 삼재 든 사람의 옷을 불에 사르기, 또는 고기와 떡을 차려 놓고 빌손(拱手)한 다음에 그 제물祭物을 버리기를 한다. 정월 보름에는 지붕 위에 버선본을 올리거나, 달집에 웃옷 동전을 매달아 태우거나, 세 갈래의 길에서 삼재 든 사람의 옷을 태우면서 빌손으로 방액防厄을 다 한다. 이를 삼재풀이라 한다. 이처럼 옛 사람들은 삼재三災는 그 사람의 죽음과 직결되는 불운한 해로 보기 때문에 들삼재의 해에는 나들이를 조심하면서 온갖 방재防災를

다 했기 때문에 삼월 삼짇 날은 시식時食과 방액防厄의 날로
도 이분二分된다.

삼일三日의 속신俗信은 태어난 지 삼일만의 아침에 산모
는 뜨거운 쑥물에 몸을 씻고. 아기는 쑥물을 특별히 데워
몸을 씻긴다고 했다. 그렇게 하면 영아嬰兒가 숙성夙成한다
하여, 하루는 상체로부터 하체로, 또 하루는 하체로부터 상
체로 되풀이하여 씻기면 상하체가 균등하게 성장한다고 한
다. 한편 미역국과 쌀밥을 각 세 그릇씩 담아 산모의 머리
맡에 놓고 삼신할미胎神姑에게 빈손으로 산모의 무병과 아
기의 장수長壽를 빌었다. 『예기禮記』의 내칙內則에는 아들
낳은 지 삼일 만에 아비는 영아嬰兒를 업고서 뽕나무로 만
든 활과 화살로 천지사방을 향해 각각 활을 쏘면서 "득자
신고를 하였다"는 기록이 있으며 북사北史와 당서唐書에는
아기 낳은 삼일만에 탕병회湯餠會를 열어 친척들이 서로 경
축했다는 기록이 있다. 이런 풍속이 당송대唐宋代부터 있었
음이 왕건王建과 소식蘇軾이 세아시洗兒詩를 읊었다고 한다.
이로 보아 삼일이란 개념적 역사성은 매우 중요시 되어, 『청
속기문淸俗紀聞』에는 이날을 삼조三朝라 했고, 사원辭源에는
세삼洗三이라 했다. 곧 삼일세아三一洗兒의는 기원을 모르는

양국이 동일한 풍속임이 분명 했다. 그리고 삼재속三災俗과 삼일속三日俗은 다르지만 삼월삼일이란 날짜에서 두 가지의 시속時俗을 되짚어 볼 수가 있기도 하다.

<2007. 4. 23>

34. 곡우穀雨

　　내일은 24절기 가운데 여섯 번째의 절기인 곡우穀雨(4월 20일: 음 3월 4일)이다. 이날을 맞으면 농촌에서는 본격적인 농사철의 시작이다. 곧 볍씨를 물에 담궈 싹을 틔우게 하는 날로 알려져 있다. 그런데 요즘은 농작기술이 발전하여 볍씨도 농협農協을 통해 보급되기 때문에 자연적으로 그 기술을 배워서 조기 농작법을 농촌에서도 도입하기 때문에, 대개의 농촌에서는 벌써 싹튼 묘판苗板을 못자리에 옮기는 작업을 한참하고 있다. 요즘은 기상의 변동 탓인지, 아니면 농작기술의 발달 탓인지는 몰라도 곡우穀雨 날이 퍽 앞당겨졌다는 느낌이 든다. 그러나 요 며칠 동안의 변덕스러운 날씨는 옛날에 경험했던 농촌의 곡우 맞이가 옳았던 것 같다. 왜냐 하면 못자리에 옮긴 묘판을 비닐로 덮느라 쩔쩔매는 사람들을 보기 때문이다.

곡우는 봄비가 내려 온갖 곡물이 윤택해 진다하여 곡우 穀雨라 부른다. 만약 "곡우 때 가물면 땅속의 흙이 석자나 말랐다"는 속담이 생겼을 정도로, 곡우를 전 후한 봄비는 그만큼 흉풍년凶豊年의 기로岐路가 되리만큼 소중하기 때문이다. 볍씨를 담아 두었던 가마니는 솔가지로 덮어 둔다. 혹시 밤에 상가喪家에 들렀거나, 부정不淨한 일을 당했을 경우는 반드시 집안에 들어오기 전에, 집 앞에서 불을 피워 악귀惡鬼를 몰아낸 다음에 집으로 들어 와야 하며, 또한 담근 볍씨 그릇을 덮어둔 볍씨의 빈가마니나 솔가지를 벗겨 보아서도 안 된다는 것이다. 만약 부정한 사람이 볍씨를 보게 되면 싹이 잘 트지 않기 때문에, 어기면 그해의 농사는 망친다는 속신 때문이다. 이처럼 볍씨를 담아 두었던 가마니와 싹을 틔울 때까지의 온갖 속신俗信, 그리고 싹트기까지의 근신謹愼과 부정不淨을 막는다는 것은 못자리에의 정성精誠인 것이었다.

곡우 때가 되면 흑산도黑山島 근해에서 겨울을 보낸 조기떼가 북상하여 충청남도의 격열비열도 이상으로 올라감으로, 주로 황해도 앞바다에서 조기가 많이 잡힌다고 한다.

그때 잡힌 조기를 "곡우사리"라고 했다. 이 곡우사리가 아직 살은 덜 찼지만 고기 살이 연하고 특히 맛이 더 있어 조기하면 황해도 조기이고. 굴비하면 영광靈光굴비로 치고 있다. 그리고 흑산도에서는 이날 물맞이를 꼭 한다고 한다. 이 물맞이를 하면 여름 내내 더위를 모르며 신경통이 그날로 치료가 된다고 한다.

그리고 지리산智異山과 덕유산德裕山의 산촌에서는 자작나무 껍질에 마치 고무나무에 고무액을 채취하기 위해 홈을 내듯이 해가지고 받은 자작나무 물을 곡우수穀雨水 또는 "거자수"라고 했다. 이 곡우수를 받기 위해 나무 밑둥에 상처를 내어 놓고, 나무의 가느다란 가지의 끝을 잘라 굵은 쪽 가지는 상처 쪽에 꽂고 가느다란 쪽은 병에 꽂아둔다. 하룻밤을 지내면 그 수액은 병에 가득 찬다. 이 곡우수는 위장병, 신경통, 이뇨利尿에 좋다고 한다. 특히 고부姑婦간의 갈등에서 생긴 속병은 이 물이 특효약이라고 한다. 또한 경칩驚蟄 무렵의 고로쇠물은 여자에게 좋고, 곡우穀雨 무렵의 고로쇠물은 남자에게 좋다고 한다.

지금 농촌의 들판은 논에 물을 채워 두기 위해 논갈이가 한창이다. 산에는 멧새 소리가 요란하다. 며칠만 지나면 취나물, 참나물, 미역취, 쌈뱁취, 배뱁취 등의 산나물과 고치미와 고사리와 두릅과 엉개와 도라지, 잔대, 더덕, 당귀 등을 캐는 부인들의 발길은 바빠진다. 지난 16일은 전국적으로 봄비가 흡족하게 내렸다. 날이 개이면 산나물, 두릅꺾이, 더덕캐기는 이번 주일이 성황일 것 같다. 요즘의 식탁에는 돌냉이 물김치와 상추에 당귀 순을 얹어 쌈을 싸먹으면 말할 수 없는 계절의 미각을 느낀다. 그리하여 산으로 두릅꺾이를 향했다. 가다가 더덕의 마른줄기를 발견하여, 그 밑의 낙엽을 쓸면 더덕의 싹을 발견할 수가 있다. 한 뿌리를 캐고 두 뿌리 세 뿌리를 캐노라면 계곡의 막바지 가까이에 오른다. 동시에 배도 헐출해 진다. 준비해 온 도시락으로 둥글게 앉아 즉석에서 껍질을 벗긴 더덕 향기와 함께 고추장에 찍어 먹는 맛은 말로는 표현할 수가 없다. 거기에다 소주 한잔을 더 하면 천하의 미식가인들 그런 맛은 경험하지 못했을 것이다. 두릅은 대개 8부 능선의 양지쪽에서 자라기 때문에 일행은 안내자를 따라 한사코 그 군락지에 당도했다. 그러나 이미 선착객에게 기회를 잃었다. 그보다 놀라운 사실은 미처 피지도 않은 두릅나무의 상단을 전지가위로 잘라 갔기 때문이다. 땅 두릅일 경우는 잘라다

가 심으면 다시 순이 돋지만 산 두릅은 그렇지 않다. 아마
도시 사람들의 소행인 것 같다.

<2007. 4. 18>

35. 입하立夏

5월 6일(음 3월 20일)은 더위가 다가오는 절기인 입하立夏
이다. 양력으로는 어린이날 다음날이다. 8일은 어버이날,
15일은 스승의 날 등으로 5월은 신록新綠의 계절이자 계절
의 여왕女王이란 호칭이 있다. 그만큼 5월은 싱그러운 계절
이기 때문에 계절적 행사가 많다. 가족들이 한 자리에 모여
신록을 찾아 떠나는 나들이는 삼삼오오로 펼쳐진다. 녹음
방초성화시綠陰芳草盛花時에 님도 보고 꽃도 꺾는 호시절好時
節 이라는 노래와 함께 누구나가 즐겨하는 절기인 것이다.

지금 산촌에서는 도시사람에 의하여 산나물 캐기가 한
창이다. 젊은 아낙네들이 보자기에 나물을 가득 캐어 머리
에 이고 그 위에 욕심이 생겨 치마에도 가득 담아서 고쟁
이(속옷)가 보이는 광경을 지금은 볼 수가 없지만, 녹의홍상

으로 곱게 하고 내려오는 여랑女娘들의 낭만적인 신록풍경은 산촌이 아니고는 볼 수가 없다. 한편 중년의 부인들은 더덕, 송순松荀, 당귀當歸를 캐어 술을 빚는다. 이를 과하주過夏酒라 한다. 특히 『동국세시기東國歲時記』에 서울 공덕동孔德洞 옹기막의 삼해주三亥酒, 관서關西의 홍로紅露, 벽향주碧香酒, 해서海西의 이강주李薑酒, 호남湖南의 죽역竹瀝과 계당주桂當酒는 모두가 신록에 빚는 명주名酒라고 적혀 있다. 그리고 오색으로 빚은 떡 가운데 특히 팥을 소를 넣은 송병松餠과 망개떡은 계절의 미각을 더욱 돕게 한다. 그래서 예로부터 남창북무南唱北舞라 했고 남병북주南餠北酒라 하여 지방에 따라 놀이문화와 음식문화가 발전하였다.

중국 한漢족들의 전통명절 가운데 하나가 입하절立夏節이다. 명나라 전여성田汝成의 서호유람지西湖遊覽志에 "입하를 맞으면 집집마다 햇차新茶를 끓여 온갖 세과細果와 함께 이웃과 친척들에게 궤송饋送했다하여 이를 칠가다七家茶라 칭명稱名하였다". 또한 청淸의 반영승潘榮陛은 『제경세시기생帝京歲時紀胜』에 의하면 "평일에 채취해 놓은 봄나물을 쌀가루와 당면糖面을 섞어, 덥기도 하고 서늘하기도 하는 입하를 맞아 전煎을 굽고 온갖 색깔의 과일과 함께 친인척 간의 우의를 돈독하는 뜻에서 서로가 주고받는다. 그것은 지난날 청명절 때의 예송例送을 되새기면서 하절기를 슬기롭게 맞이하자는 한족漢族 특유의 전통적인 양속의 하나로 이어 지고 있다. 특히 이날은 어린이에게 전煎을 구워 먹인다고 하여 의하宜夏라고 이름 하리 만치 숭상되는 것이 곧 중국의 입하절인 것이다. 지금 강서성江西省과 절강성浙江省 일대의 농촌에서는 이날이 되면 아이들에게 비둘기 알을 많이 먹게 했다고 한다. 특히 절강성의 신창新昌지방에서는 입하절立夏節이면 반드시 죽순을 삶아 먹으면 다리가 튼튼해진다 하여 즐겨 먹는 습속이 있다고 기술되어 있다.

우리나라에서는 입하절이라는 행속行俗은 없다. 앞에서 언급했듯이 춘삼월을 맞아 네 번째 맞는 말날에 술을 빚어 해마다 즐겨 마시던 풍속이 있어 이 풍속을 동악東岳 이안눌李安訥은 술 이름을 사마주四馬酒라 짓고서 "그대 집에 빚은 술이 몇 년이나 됐는가/ 술 빚는 방법대로 따랐으니 옥해주玉薤酒라 전한다오"라 노래했다. 옥해玉薤란 향도香徒꾼이 흥겨워 노래 부르던 취기醉氣를 의미 한다. 이처럼 사마주四馬酒는 하절의 약주藥酒이자 농주農酒로 유명했음을 알 수가 있다.

옛 강릉江陵의 풍속에 70세 이상의 노인은 노복奴僕할 것 없이 입하를 전후한 일진日辰에 따라 매년 경로회敬老會

를 베풀었다고 한다. 그리고 경주慶州의 풍속에 봄부터 사시유상四時遊賞의 땅을 이름하여 봄을 동야택東野宅, 여름을 곡양택谷良宅, 가을을 구지택仇知宅, 겨울을 가이택加伊宅이라 이름하여 놀이문화를 진작시켰다. 또한 남원南原의 풍속에 고을 사람들은 입하를 맞으면 용담龍潭 같은 율림栗林에 모여 주례酒禮와 사례射禮를 베풀었다고 한다.

요즘의 날씨는 제법 더위를 느끼게 한다. 저녁이면 개구리 소리가 요란하다. 못자리에서 무럭무럭 자라는 모판이 이앙될 날이 멀지 않을 것 같다. 그리고 고추 등의 채소묘판도 밭에 옮겨져 지주支柱가 세워지고 있다. 벌써 조생종의 벼도 논에 심어지고 있다. 산에 들면 멧새 소리가 요란하고 고사리를 꺾고 나물을 뜯는 발자국 소리에 꿩이 하늘에 오른다. 정말로 조용하고 한가로운 지금의 농촌은 정겹고 평화스럽지만 모심기가 시작되면 가을까지는 눈코 뜰 사이가 없이 바빠진다.

<2007. 5. 7>

36. 소만小滿과 망종芒種

소만은 5월 21일(음 4월 5일)이고, 망종은 6월 6일(음 4월 21일)이다. 24절기 가운데 소만처럼 민속적인 일화나 절기에 따르는 농경農耕에 얽힌 이야기 및 문헌적인 기록이 전혀 없다. 기껏 있다는 것이 보리가 익어가는 상징적인 절기를 소만小滿이라고 말할 뿐이다. 옛날 같으면 논에 보리를 경작하여 망종芒種 이전에 보리를 베고 그 자리에 벼를 심는다. 소만小滿 때 보리가 누렇지 않으면 벼농사에 지장이 있기 때문에 농민들은 소만小滿과 망종芒種의 절기가 한해의 농사를 좌우한다 하여 농민들은 여간 심경을 날카롭게 곤두세운다. 그만큼 보리의 작황을 지켜보고 있다. 소만小滿은 글자 그대로 신록新綠이 대지大地에 가득하다는 뜻의 신록예찬新綠禮讚을, 소만小滿이라 표현한 것으로 본다.

지금 농촌은 만산에 신록으로 가득하다. 낮이면 멧새들의 울음소리로 한가롭지만 실은 바쁘다. 못자리의 모가 무럭무럭 자라기 때문에 논에 물 잡기가 한창이다. 아마 오월 말이면 모심기가 끝난다. 텅 비었던 들판이 푸른 옷을 갈아 입고 나면 농민의 마음은 오로지 시화연풍을 바랄 뿐일 것이다. 논마다 벼가 심어지면 밤마다 개구리 소리로 농촌의 밤은 깊어 갈 것이다. 그리고 텃밭에 심어 놓은 마늘은 곧 수확을 앞두고 있으며, 감자밭에는 감자 꽃이 하얗게 피어 있다. 오이, 토마토, 마디호박, 가지, 줄 양대, 상추, 완두콩, 시금치, 옥수수, 고구마 등이 텃밭의 곳곳에서 자라고 있다. 멀지 않아 보리가 베어지고 마늘과 감자가 가장 먼저 캐어 질 것이다. 베어진 논보리 밭엔 곧바로 벼가 심어질 것이고, 베어낸 보리밭은 곧바로 콩 갈이가 시작 된다. 참깨, 들깨, 팥 심기를 마지막으로 하는 날을 망종芒種날이라 한다. 곧 씨앗 뿌리기가 끝난다는 날인 것이다. 그러나 콩은 하지夏至가 지나야 심는다.

　망종芒種은 24절기 가운데 아홉 번째 맞이하는 절기인 것이다. 태양의 황경黃經이 75°에 달린 날을 6월 6일 또는 6월 7일 날을 망종의 입기일入氣日이라 하여, 하지夏至 전날까지 약 15일간을 말한다. 옛날에는 모내기와 보리 베기에 적당한 시기를 망종이라 했다. 그것은 모심기 때문에, 보리 베기가 망종을 넘기면 바람에 쓰러진 보리에 싹이 나는 수가 많았다. 하지夏至까지의 망종芒種 이후 15일간을, 삼후三候로 나누는데 초후初候에는 사마귀가 생기고 중후中候에는 왜가리가 울기 시작하며 말후末候에는 지빠귀과의 새들이 울음을 멈춘다고 한다. 그만큼 여름의 더위는 세를 더 하여 온갖 곤충과 동물들이 번성한다는 것이다. 속담에 망종芒種 날 천둥이치면 그해는 농사도 시원치 않고 또한 질병이 만연하여 불길하다고 한다. 이런 속담은 도처에 있겠지만 여름에 천둥이 치며 소나기가 내리는 것은 예사이다. 아마 망종芒種날 씨 뿌리기를 방해하는 소나기를 원망하는 속담일 것이다. 그래서 망종이 4월에 들면 보리에 좋고 5월에 들면 흉작이라고 했는지 모른다.

어릴 때 밀 싸리를 해 먹던 생각이 난다. 친구들과 몰래 밀을 베다가 불에 그을려 그것을 손에 부비면 밀알이 익어서 먹음직하다. 그것을 입에 넣으면 그 맛은 고소하다. 그런데 먹기를 마치고 서로 입을 쳐다보면 모두가 입언저리가 꺼멓게 묻어 있어 한바탕 웃음이 터진다. 때로는 밭주인에게 들키어 미처 입을 씻지도 못하고 집으로 돌아가면 부모님에게 크게 꾸중을 듣기도 했다. 또한 옛날에는 보리 고

개라는 어려운 시절이 있었다. 풋보리를 베어다가 그것을 솥에 볶아 찧어 먹는 햇보리 밥은 새 맛이었다. 그러나 생각하면 일제말기日帝末期에 모든 놋쇠 그릇을 헌납해야 했고 미곡米穀 또한 공출供出로 빼앗기고 보니 보리 고개라는 참혹한 시절이 있었다.

그런데 요즘은 보리농사를 짓지 않는다. 텃밭의 한쪽 귀퉁이에 자기의 소용에 닿을 만큼만 심어 감주甘酒나 고추장의 가미료로 쓸 보리갈이를 할 뿐이다. 그만큼 우리의 생활이 윤택해 졌다. 그런데 근자에 와서 보리밥이 몸에 좋다하여 보리 심기가 권장되고 있다고 한다.

<2007. 5. 28>

37. 사월초파일

　사월초파일은 부처님 오신 날이라 하여 시내의 곳곳에 연등燃燈이 달려 있어 매년의 이맘때를 연상케 한다. 불교가 우리나라에 처음 들어온 것은 고구려는 순도順道에 의하고, 백제는 아도阿道에 의하고, 신라에는 법흥왕 때 이차돈異次頓에 의하여 불교가 전래되었다고 한다. 이 불교문화는 석가모니釋迦牟尼께서 불교의 진리를 깨달아 중생을 교화하며 이끌어주셨던 성인聖人의 탄생일이다. 지금은 오랜 세월이 흐르는 동안 불교의 교리가 발달함에 따라 여러 정토淨土세계와 시방十方세계에 걸쳐 있는 모든 부처를 불타佛陀, 여래如來라고 부르기도 한다.

　불전佛典의 어원語源에 석가모니불은 불교의 개조開祖로서 샤카족族 출신의 성인聖人이다. 석가釋迦는 산스크리트어

語인 샤카를 음역音譯한 것이다. 석가모니불을 석가여래釋迦如來라고도 하는데, 석가는 "샤카족", 여래는 "지금까지의 부처님처럼 저만큼 계시는 분" 또는 "진리에 도달한 분" 또는 "지금까지의 부처님처럼 이 세상에 오신 분"이라는 뜻이다. 근래에 와서 학자들 사이에서는 "석존釋尊"이라고 부르는 이가 많아진 것은 "석가釋迦"라고 부르면 부족명部族名을 지칭하기 때문이라고 하나, 한편 "석가釋迦"라든가 "부처님"이라는 말은 불교의 개조開祖임을 예로부터 지칭된 통용어였다고 본다.

석존釋尊이 갓 태어났을 때 선인仙人이 관상觀相을 보고 "집에 있으면 전륜성왕轉輪聖王이 되고" 출가를 하면 "불타佛陀가 될 것이다"고 예언하였다. 전륜성왕이라 함은 전 세계를 통괄하는 이상적인 제왕을 말함이니, 곧 세계를 지배하는 통치자임을 말한다. 하지만 불타佛陀는 정신세계를 이끌어 주는 구세주救世主를 이름이다. 그리하여 석가족釋迦族 출신의 고타마 싯다르타는 35세에 보리수菩提樹나무 아래서 깨달음을 얻고 석존釋尊이 되셨다. 이후 불신론佛身論이 다양하게 논의되고 잡다한 불타관佛陀觀이 가세를 더하여 많은 부처와 보살菩薩이 경전에 등장하게 되었으니, 아미타불, 약사여래불, 대광여래불, 관음보살, 지장보살 또한 금강경,

아미타경, 화엄경, 능엄경, 법화경 등을 법심法心으로한 많은 불타께서는 사람들의 신앙심信仰心을 이끌어 오고 있다.

유교儒教가 그러하듯 불교佛教도 우리나라처럼 건전하게 발전한 나라는 없다. 불교가 비록 인도印度가 종주국이라고는 하지만 우리나라처럼 역사성과 정통성을 기반으로 하여 발전한 나라는 아마도 동북아시아에 있어서 우리나라를 으뜸으로 손꼽을 수 있을 것이다. 예로부터 우리는 호국불교護國佛教로서 화랑花郎에 의하여 심신을 단련하여 왔다. 국난國難에 임하면 승병僧兵으로 난리亂離를 평정하였다. 사람이 죽어 극락왕생極樂往生을 인도함에 있어 회심곡回心曲으로서 망자를 달래고, 범패梵唄로서 훤한 얼굴의 마음으로 바뀌게 한 다음에야 저 세상을 인도하는 불교의 열반심涅槃心은, 많은 중생을 일깨우는 종교적 신심信心이 되었다. 그리하여 우리의 할머니의 할머니 때부터 산사山寺를 찾아 불전에 공양하는 신앙심 때문에 오늘의 우리가 건전하게 존재하고 있는 것이 아닐까.

인간은 한없이 나약한 존재이다. 그리하여 종교宗教가 필요한 것이다. 너 나할 것 없이 반드시 하나의 종교를 가지기를 권하고 있다. 그러므로 종교의 선택도 자유이다. 강압적인 신앙의 권유는 오히려 부작용을 낳을 수가 있다. 그것은 종교적인 세확장勢擴張을 위한 지나친 고의성이므로 오히려 눈살을 찌푸리게 한다, 석존탄신일釋尊誕辰日처럼 사대성인四大聖人의 탄신일을 앞둔 갖가지 이벤트성의 외부장식도 너무 지나치면 그것도 보는 이의 눈살을 찌푸리게 한다. 성인聖人들은 그처럼 요란한 자기의 탄신축하를 원치 않았을 것이다. 종교행사는 그 나라의 문화행사이다. 그러므로 종교지도자는 방황하는 신도들에게 지성知性과 인격人格과 자비慈悲로서 그들을 감화시키는 종교적 지도자가 돼야한다. 지나친 자기 도장道場의 과시誇示는 금물이다. 진심으로 부처님께서 오신 날을 축하한다. 나무관세음보살.

<2007. 5. 24>

38. 단오端午

오월 오일(양 6월 19일)을 중국에서는 명절로 삼고 대대적인 행사를 하고 있다. 압록강을 사이로 한 북한에서는 추석 못지않게 명절로 꼽고 있었다. 그러나 중국도 10년간의 문화 혁명으로 많이 희석되었지만 워낙 지역이 넓고, 56개의 소수민족들이 살고 있기 때문에 민족에 따라 단오다운 민속놀이를 하고 있다는 한국학자들의 저서에 소개되고 있다. 단端은 초初의 의미이고 오午는 오五로 통용하는 글자이기 때문에 단오端午는 곧 초오일初五日이란 뜻에 불과 하다. 예로부터 중국에서는 음양철학에서 기수奇數를 양陽이라 하고 양수陽數가 겹쳐지는 삼월삼일, 칠월칠일, 구월구일 등은 다 생기生氣가 발랄潑剌한 날이라 하여 명절名節로 정했다고 한다. 특히 오월오일은 일년중 생기가 가장 왕성한 때라서 천중가절天中佳節로 숭상하고 있다. 그래서 이날은 경도競渡, 투초鬪草, 속란俗蘭, 음창포주飮菖蒲酒, 현애懸艾, 패부佩符, 계오색사繫五色絲 등으로 여러 가지 계절적인 축제와 주술적呪術的인 행사가 있었다고 한다. 경도競渡는 수영경기이니 폐활량의 증진과 전신운동이 된다. 투초鬪草는 풀밭에서 싸우는 운동이니 축구와 씨름이다. 속난俗蘭은 난초를 주고받거나 탐란探蘭을 위한 산행山行이다. 그리고 창포로 술을 빚어 마시면서 즐겼던 놀이이다. 그리고 쑥을 베어 다발로 묶어 문지방이나 기둥에 걸어 두면 벌레를 쫓았다는 우생문화이고, 주사朱砂글씨로 부적符籍을 차고 다니면 액운厄運을 쫓았고, 오색실이나 헝겊을 신목神木에 거는 등의 주술呪術행위로서 단오절을 맞이했다.

그런데 우리나라에서는 창포주 대신에 창포, 청궁, 수양버들 가지를 삶은 물에 여인들은 머리를 감으면 결이 부드럽고 고와지며 윤이 나고 또한 머리비듬이 없어진다고 한다. 그리고 언덕위의 정자나무 가지에 그네를 매고 젊은 아낙과 처녀들이 하늘 높이 나는 그네뛰기는 너무나 아름다운 풍속도이다. 남자들은 강을 사이에 둔 마을사람들이 모여 뽕나무 숯가루를 한지韓紙에 싸서 새끼에 발簾처럼 달아 놓고는 날이 저물기를 기다렸다가 불을 붙이면 양안兩岸에서 불꽃이 튐과 동시에 밝아지면 환호성과 함께 풍물을 울리면서 석전石戰이 벌어진다. 이런 석전놀이는 줄다리기처럼 지는 편의 마을은 흉년이 든다고 하여 한사코 경쟁하던 돌 던지기 싸움이었다. 그리고 장년壯年들은 백사장에 모여 씨름판이 벌어지고 아이들은 제기차기를 즐겼다. 이 단오 풍속이 가락駕洛과 신라新羅시대부터 있어온 놀이문화였었다고 육당 최남선의 "조선상식朝鮮常識"에 전한다. 그리고 고려와 조선에 들어와서는 설, 단오, 동지를 삼절三節이라 하여 숭상되었다. 조정에서는 알묘謁廟를 행했으며 내외 관원에게는 부채扇를 접어 화공畵工으로 하여금 그림이나 글귀를 적어 하사下賜했다. 그리고 오색별五色別의 자루부채가 있었는데 청靑은 신랑新郎, 백白은 상주喪主을 표상表象했지만 여타는 취향의 색을 칠한 부채로서 여름을 맞게 했다고 한다. 또한 천정天井과 문지방 위에 붙이는 "향낭각씨 속거천리香娘閣氏 速去千里라는 부적符籍도 하사했고, 또 중신重臣에게는 호형虎形의 쑥 묶음이나 호랑이 그림을 하사下賜했다는 주술성呪術性의 기록이 『동국세시기東國歲時記』에 전한다.

단오端午의 속명俗名이 술의일戌衣日이라 했는데 동국의 속어俗語에 수레(車)라는 뜻이라서 이날은 개쑥떡을 빚어 먹으면 장수長壽한다고 한다. 개쑥은 반드시 산에만 나는 식물로, 잎 뒤가 흰색이니 취나물처럼 잎이 넓다. 그리고 또한 익모초益母草의 꽃을 오시午時에 따다가 그늘에 말려 술을 빚어 마시면 관절염과 요통腰痛에 좋다 하고, 그 잎과 뿌리는 대추(棗)와 함께 삶아 먹으면 위장병에 좋다하여 단오 날 익모초를 캐는 사람도 많다. 시속은 바뀌어 단오절도 변이變異되는 법이다. 옛날 같은 놀이는 힘들지만 성하盛夏를 앞둔 새로운 단오절端午節이 행해진다. 듣건대 런던에 우리의 단오절이 상륙했다고 한다.

<2007. 6. 19>

39. 하지夏至

6월 22일(음 5월 8일)은 하지夏至이다. 하지는 일 년 중 태양이 가장 높이 뜨고 낮의 길이가 3분의 1가량 더 길어진다. 그것은 북방구의 지표면이 태양으로부터 가장 많은 열을 받기 때문이다. 이 열이 쌓여서 하지夏至 이후에는 기온이 상승하기 때문에 몹시 더워진다. 태양에서 오는 열량과 땅에서 나오는 열량이 같아지는 8월에 가장 더운 날이 많다. 그렇기 때문에 중국에서는 하지로부터 15일간을 5일간씩 3으로 나누어 첫 5일은 사슴의 뿔이 떨어지고, 둘째 5일은 매미가 울기 시작하며, 세 번째 5일은 약재藥材인 반하半夏에 알이 생긴다하여 더위의 순도順度를 재미있게 비유하고 있다.

하지夏至를 일명 하지점夏至點이라고도 하는데 그것은 천

문학적으로 1년 중 태양이 황도상 가장 북쪽에 위치하고 있기 때문이라고 한다. 그러나 그것이 기상학적氣象學的으로는 구름이 가장 많은 때라서 장마철인 것이다. 어쨌든 요즘은 4시만 되면 날이 밝아진다. 그래서 농촌에서는 이때부터 텃밭에 나가 풀을 매고 깻잎을 딴다. 이 일은 10시쯤이면 끝이 난다. 그 다음은 깻잎을 묶는 작업을 그늘아래서 하기도 한다. 더위를 피해 한숨 푹 자기도 한다. 그러나 그 사이의 작업양은 한나절의 작업양은 된다. 오후 4시쯤부터 다시 일을 시작하여 8시쯤에야 손발을 씻는다. 겨울철이면 오후 5시면 어둡지만 요즘은 8시가 되어도 어둡지 않다. 겨울에 비하여 요즘은 5시간은 더 낮의 길이가 긴 것 같아서 "품삯을 주는 일꾼은 여름에 대려다 써라"는 농촌 사람들의 경제논리적인 이야기는 여름을 그만큼 효용성이 있는 활용을 노리는 계산인 것이다.

지금은 보온용 못자리 덕분으로 남부에서는 모내기를 거의 끝내었다. 필자는 며칠 전 동해남부선을 타고 제천堤川에 간 적이 있다. 의성義城을 지날 때 논 마늘 밭에서는, 한쪽은 마늘을 캐고, 한쪽에서는 모심기를 위해 콤바인이 바쁘게 움직이고 있다. 아마도 모심기는 남쪽에서 올라가고 벼 베기는 위에서 내려온다는 어른들의 말이 생각이 났다. 그리고 모심기의 적기適期는 하지의 전후 3일이 가장 적기라고 한 어른들의 말을 보아 모심기는 아직 늦지가 않은 것 같다. 안동, 영주, 풍기, 단양을 지나는 동안 차창밖에 비치는 파아란 논과 밭에서는 고추가 이랑도 정연하게 서있는 모습은 보기만 해도 아름답고 풍요롭다. 그리고 자주 통과하는 터널이 끝나면 새로운 산천이 전개됨에 눈을 뗄 수가 없다. 역시 열차여행은 지난날의 추억을 되씹게 하는 즐거운 시간이었다.

옛날 같으면 벼를 베기까지 초벌매기부터 세벌매기까지의 과정을 거쳐야만 농부들이 겨우 허리를 펼 수가 있었다. 그러나 요즘은 오리를 방사하여 풀을 뜯어 먹게 하는 유기농법을 제외 하고는 거의 풀매기가 없다. 그것은 햇빛을 차단하는 약제를 뿌려 놓으면 풀이 날 수가 없다. 그리고 논두렁 베기도 제초제 한두 번만 뿌리면 그만이다. 언제쯤 농촌에 일손이 풍부하여 농약 없는 유기농 시대가 올지 누구도 모른다. 지나친 농약 사용은 농토를 산성화시키기 때문에 큰 걱정이다. 지금 농촌에는 고령자들뿐이다. 이들이 죽고 나면 농촌은 폐허화된다. 더 늦기 전에 젊은 귀농자가 돌아와 과학농법을 개발하여 지렁이와 반딧불이가 우글거리는 토양으로 되돌릴 수 있는 날을 오게 하는 것이 시급하다.

지금 필자가 살고 있는 울산에는 농사용 저수지에 물이 없다. 모내기로 다 빼 썼기 때문에 거의 바닥이 났다. 한발도 대비해야한다. 옛날 태종太宗께서 한발旱魃이 심하자 "내가 죽으면 상제上帝에게 우리백성들에게 비 한 번 내려서 제발 아사자를 면케 해달라고 빌 것이다 고 말을 하시고는 어의御衣를 벗지도 않고 며칠 밤을 새운 뒤 어의를 벗으시고 밖에 나와 하늘을 쳐다보자 그만 비가 펑펑 내렸다"는 기록이 『동국세시기東國歲時記』에 나온다. 태종께서 며칠 뒤 붕어崩御하신 날이 5월 10일(음)이다. 이날만 되면 반드시 비가 내렸다. 국인國人이 태종우太宗雨라 이름 지었다는 것이다. 지금 장마가 다가 온다고는 하지만 과연 울산에도 비가 흡족하게 내릴지 누구도 장담할 수는 없다. 제발 태종처럼 나라를 걱정하는 정치인이 되어 주기 바라고, 또한 금속노조원의 파업이 결의 되었다고 한다. 제발 농촌의 저수지를 구경해 보거나, 대곡大谷댐의 바닥이 드러나 있는 우거진 풀을 보라 이는 도저히 댐이라 할 수가 없다. 이런 답답한 농촌의 현실응 목도目睹하기 바란다. 그리고 나라를 걱정하는 노조원이 되어 주기 바란다.

<2007. 6. 27>

40. 소서小暑와 초복初伏

소서는 7월 7일(음 5월 23일)이고 초복은 7월 15일(음 6월 2일)이다. 곧 초복은 하지夏至 이후 제3경庚일을 초복이라 하는데 대략 양력으로 7월 11일부터 7월 19일 사이에 온다. 중복은 넷째 경庚일이며 말복은 입추立秋 후 첫 번째 경庚일이다. 즉 초복부터 말복 사이는 10일 간격이다. 이때의 더위를 삼복三伏 더위라 한다. 24절기의 하나인 소서小暑와 대서大暑의 사이에 초복이 오므로 이때부터 더위가 본격적으로 오는 시기이다. 그래서 예부터 초복初伏 중복中伏 말복末伏이 되는 날을 복 다림이라 했다.

소서小暑는 복伏 더위의 시작이다. 또한 장마철이라고도 한다. 금년도 예외가 아니다. 장마가 오락가락하면서 경북과 강원지방에 폭우暴雨가 쏟아져 큰 수해水害를 입히고 있다. 불의의 천재天災이고 보니 농민들은 망연자실茫然自失할 수밖에 없다. 피 땀으로 심고 가꾼 벼를 수마水魔가 핥고 갔으니, 수해복구는 물론 대파代播라도 해야 하는, 그것이 어디 쉬운가? 농촌에서는 남의 일 같지 않다. 언제 이곳에 도 수마가 핥고 갈지? 연례행사인 태풍颱風이 지나가기 전 까지는 마음이 놓이지 않는다.

복 다림의 하나로 "개를 잡아 파를 넣고 푹 끓인 것을 개장이라 한다. 닭을 삶아 죽순을 넣으면 더욱 좋다. 또 개 장국에 고춧가루를 넣고 밥을 말아 시절 음식으로 먹는다. 그렇게 하여 땀을 흘리면 더위를 물리치고 허한 곳을 보충 할 수가 있다"고 『동국세시기東國歲時記』가 적고 있다. 또한 사마천司馬遷의 『사기史記』에 진덕공秦德公 2년에 처음으로 삼복제三伏祭를 지냈는데 "성내城內의 사대문四大門밖에서 개를 잡아 충재蟲災를 막았다"는 기록이 있다. 그러므로 개 잡는 일이 곧 복날의 옛 행사요 지금의 풍속에도 개장국이 삼복기간 중에 가장 사람들이 좋아 하는 음식이 된 것이다. 마치 동지冬至에 붉은 팥죽을 피로 상징하는 벽사辟邪的인 의의가 있는 것처럼 축귀逐鬼적인 벽사辟邪가 시절음식으로 정착된 것이 아닌가 한다. 지금도 전라도 일부지방에서는 밀떡과 수박을 먹는다 하고, 충청도의 일부지방에서는 새벽에 우물물을 길어다가 마신다고 하는데, 이는 정월正月 첫 용龍날 집안의 발복發福을 위해 용알뜨기와도 비슷한 풍습이다. 경상도에서는 이날 아낙네들이 수제비와 칼국수를 "물맞이"현장에서 끓여 먹으면서 하루를 즐겼다. 또 한 가지 벽사적辟邪的인 제의祭儀로서는 한발旱魃이 심하면 그 고장의 성소聖所에 개를 잡아 피 칠을 하면 "하늘이 노하여 피를 지우기 위해 비가 내렸다"는 반작용의 효과를 노렸다는 이야기도 있다. 지금도 지방마다에는 무제를 지냈다는 성소가 있고 물맞이의 물탕이 현전하고 있다.

지금의 농촌은 거의가 기계화되어 벼를 심자마자 푸른색의 차일약제遮日藥劑를 치면 풀이 자랄 수가 없다. 옛날에는 이맘때면 초 벌 논매기가 한창일 때다. 이웃 간에 두레 논매기를 하는 것이 예사이다. 이날이면 벼 이랑에 하얗게 엎드려 부르는 논매기노래는 들판의 곳곳에서 들을 수가 있었다. "둥실둥실 떠오르듯 점심밥이 떠서 온다/ 누구 집 처자處子런지 곱기도 하여라" 등의 선소리꾼의 낭랑한 소리에 일제히 후렴으로 화답하는 농촌의 논매기 가락은 지금은 도저히 들을 수가 없다. 하나의 고전古典민요가 되고 말았다. 이런 논매기 두레풍은 세 벌 논매기까지 이어진다. 아침 10시쯤과 오후 3시쯤이면 반드시 간식間食이 있다. 이

때는 농주農酒와 감자를 삶아 내기도 하고 보리떡이나 밀떡이 나온다. 그 소박한 솜씨의 보리떡과 밀떡은 어찌나 구수하고 맛이 있었는지 그때를 생각하면 침이 저절로 삼켜 진다. 지금 농촌은 감자를 다 캔 밭에는 팥을 심고 있다. 팥은 웃자라기 때문에 초복이 지난 뒤에 심어도 늦지 않다고 한다. 비둘기란 놈이 쪼아 먹기 때문에 허수아비를 세워둔 밭도 있다. 이 얼마나 정겨운 광경인지 모른다. 이는 산촌이 아니고는 비둘기가 있을 리 없고 허수아비가 있을 리 없다. 농촌의 낭만은 역시 개구리 소리와 뻐꾸기의 소리가 있어서 좋다.

<2007. 7. 12>

41. 대서大暑와 중복中伏

7월 23일(음 6월 10일)이 대서이고, 7월 25일(음 6월 12일)은 중복이다. 대서는 24절기 가운데 하나이고, 중복은 삼복三伏의 하나이다. 일년 가운데 가장 무더운 복더위라고 한다. 그러나 요즘은 장마로 인하여 더위를 모른다. 농촌의 논매기는 초벌매기를 마친 다음에 초복을 맞았고, 지금은 논물을 다 뽑고 논바닥을 마르게 함으로써 벼 뿌리를 튼튼하게 하는 시기이므로, 논마다 물을 뽑아버렸기 때문에 논바닥이 드러나 있다. 약 일주일간을 말린 다음에 다시 물을 댄다. 그리고는 비료를 친다. 이런 때가 중복을 전후하는 시기이므로 농촌의 햇빛은 하루가 아쉽다. 그것은 장맛비로 인하여 햇빛이 차단되어 있었기 때문이다. 그리고 지역에 따라 벌써 도열병이 만연되었다는 보도가 있다. 도열병은 일조량의 부족에서 오는 치명적인 병이기 때문이다. 요즘은 한미간에 시장개방의 협상(FTA) 여파로 특히 농산물들이 개방의 역풍을 맞아 미리 그때를 대비하는 지혜의 일환으로 농촌마다에는 유기농으로 쌀을 생산하는 마을이 많아졌다. 이런 마을은 옛날의 농사법대로 두레논매기로서 옛 농촌문화의 전통이 이어가고 있다. 어떤 마을에는 도농都農 간의 자매결연을 맺고 유기농작물을 도시 사람이 적극적으로 소비해 주는 믿음 때문에 농촌에서는 마음 놓고 유기농법을 도입하고 있다. 그리하여 어떤 농촌에서는 오리를 벼논에 방사하여 풀을 먹게 하는 재배법을 도입하기도 한다. 그 밖의 농가에서는 제초제의 일종인 청태靑苔로서 햇빛을 차단하는 농법을 도입하여 풀매기를 하지 않는다. 그러므로 지금의 농촌은 한가하다. 옛날 같으면 초벌 논매기, 두벌 논매기, 세벌 논매기로 이어지는 동안 땀으로 범벅이 된 농민들은 모두가 기진맥진氣盡脈盡이 된다. 이같이 허약해진 몸을 보양補養하는 방법의 하나가 곧 삼복三伏 다림인 것이다. 특히 중복中伏은 한 해의 더위치고는 절정에 해당된다. 이날은 모두가 보양식補養食을 즐겨 먹는다. 이 보양식에는 개고기, 닭고기, 물고기로 보양補養을 하는데, 개고기를 일명 보신탕이라 한다. 주로 남자들이 좋아하는 음식이다. 복날이 되면 친구들끼리 개 한 마리를 준비하여 계곡을 찾아 멱을 감기도하고 물에 발을 담가 놓고는 개장국 회식으로 여름 내내 피로했던 심신을 푼다. 그러므로 예로부터 특히 복날이면 전국적으로 많은 개들이 희생된다. 이로 인한 개의 수급이 늘자 개 도둑떼들이 극심하여 졌다. 어느 지역에서는 개의 어떤 부위에 색칠을 해 놓고 그 개들의 명부를 작성한 다음 전산처리를 하였더니, 개 도둑이 쉽게 잡히고부터 개 도둑을 막았다는 경찰당국의 지혜로움에, 견공犬公들이 무사하고 또한 민원사건이 줄어들었다는 것이다. 개고기를 못 먹는 사람들은 삼계탕參鷄湯, 옻닭 등으로 보신을 하였다. 또한 어린것들을 위해서는 민물고기로 끓인 어죽을 만들어 먹임으로써 그들의 허기虛氣를 보충시켰다. 이런 복 다림은 여름의 농사일과 무더위로 인하여 허약할 때로 허약해 진 몸을 보양하기 위해 옛 조상들은 초복, 중복, 말복이란 간격을 두고 허기虛氣를 보양하면서 더위를 이겨 내었다. 그리고 아낙네들은 깊고 외진 산곡을 찾아 몸을 씻어 땀띠를 죽이는 물맞이의 놀이는 옛이야기 같은 이야기들이다. 요즘이야 집에서 샤워를 하거나 목욕탕을 찾으면 되지만 특히 여자들의 경우는 함부로 몸을 씻을 만한 곳이 없었기 때문에 연령별, 계층별로 음식을 준비하여 깊은 계곡을 찾아 하루를 즐기면서 그동안에 쌓였던 스트레스를 풀고 오는 낭만적인 물맞이행사가 곧 우리 할머니들의 소시 적에 즐겼던 복 다림이었다. 요즘의 농촌은 조기재배로 인한 다수확의 붐이 일고 있다. 벌써 벼 배동비료를 치는 농가도 있다. 옛날 같으면 초복初伏 때에는 당연히 모내기를 해도 수확에는 별 지장이 없었다. 이미 대파代播를 하여 메밀이나 서숙이 제법 자랐어도 중복中伏에 비가 풍족하게 내렸다면 대파代播밭을 갈아엎고 모내기를 하여도 대파의 수확보다는 훨씬 이익이었다고 한다. 역시 벼 수확은 어느 농작물보다 중요시 했던 것이다.

<2007. 7. 26>

42. 유두절流頭節

7월 28일은 유두절流頭節(음 6월 15일)이다. 여름의 더위를 피하여 "동쪽으로 흐르는 물에 머리를 감는다"는 기록이 있다. 동東은 청淸으로서, 양기가 가장 왕성한 곳이기 때문에 동류수東流水에 머리와 몸을 씻으면 모든 재앙災殃이 "마치 물에 무엇을 떠내려 보내듯" 제거除去한다는 벽사적辟邪的 민속절이라고 김극기金克己의 『동도유속東都遺俗』이 전한다. 이날을 유두연流頭宴이라고도 했다. 유두일流頭日은 24절기의 하나가 아니다. 여름철 산간山間에서 멱 감기를 하거나, 지금의 해수욕海水浴과도 같은 물놀이문화로도 비유가 되겠지만 그런 것이 아니라, 신라 때부터 내려오는 국속절國俗節이었다. 신라의 옛 서울인 경주에는 아직껏 이 풍속이 남아 있다. 이날을 당하면 멥쌀가루를 솥에 쪄서 새알처럼 만든 떡을 꿀물이나 얼음물에 띄운 것을 수단水團 또는 건단乾團과 과일을 사당祠堂에 올려 제사를 지낸다. 궁중宮中에서는 찹쌀가루로 수단水團과 건단乾團을 빚어 햇과일인 참외, 수박 등과 떡으로 단오端午 때처럼 종묘宗廟에 제사를 지낸 다음 군신 간에 선물을 교환하면서 궁악경기弓樂競技로 하루를 즐겼다. 이를 유두천신流頭薦新이라고 천보유사天寶遺事와 세시잡기歲時雜記가 전하고 있다. 지난날의 쌀수제비(水團)는 밀면(小麥麵)으로, 건단은 팥이나 꿀을 소로 하여 만두처럼 빚은 떡을 상화병霜花餅 또는 연면碾麵이라고 했다. 한편 유두면流頭麵의 건단을 다섯 가지 색으로 물들여 그중 세 개씩의 건단을 몸에 패용佩用하거나 문지방에 걸어두는 양귀법禳鬼法이라고 하는 물맞이행사도 성행하였다.

고려가요인 「동동動動」에 "유월보름 강물에 나가 머리를 빗는다"고 노래함을 보아 이 유두민속은 멀리 신라로부터 고려와 조선으로 이어진 명절임이 분명하다. 이날이면 부녀자들이 서울에는 정릉폭포, 광주에는 무등산 물통 폭포, 제주의 한라산 성판폭포의 물맞이가 유명하고, 문사文士들은 술과 안주를 갖추어 계류溪流나 정자亭子를 찾아 풍류風流를 읊으면서 하루를 즐겼던 놀이를 유두연流頭宴이라고 했다. 이 유두일流頭日을 전후한 시기에는 참외, 수박 등

의 햇과일이 많다. 마을 청년들은 물고기를 잡아 술안주로
하고 술과 함께 마을회관이나 노인정을 찾아 정성껏 대접
한다. 소년층은 참외서리 수박서리 옥수수서리 등의 장난
이 많았다. 이런 장난을 어른들은 알면서도 못 본 척 하는
시골 인심이었다.

유두절의 음식인 국수를 먹으면 장수長壽하고, 더위에
걸리지 않는다 하여 모두가 국수를 먹었다. 특히 연병連餠
은 밀가루를 잘 반죽하여 소반 위에서 넓적하고 얇게 한
다음 전과처럼 썰어 기름에 튀긴 후 꿀을 발라 그 위에 볶
은 참깨와 콩을 무친 연병連餠, 건단乾團, 수단水團이 단오,
유두, 추석, 설로 이어지는 명절이었다.

유두절에 호남과 영남에서는 용신제龍神祭 또는 농신제
農神祭를 현장에 가서 올렸다. 곧 찰떡을 빚어 수구水口밑과
둑 밑에 한 덩이씩 놓으면, 물이 새거나 터지지 말고 농사
가 잘되게 해 달라고 비는 것을 유두제流頭祭라 했다. 곳에
따라서는 떡을 논밭에 던지면서 풍농豊農을 빌었다. 또는
떡을 꼬챙이에 끼워 논두렁에 꽂아 두기도 했다는 고로古老
의 말이 전해 온다. 특히 이날을 맞으면 머슴이나 일꾼들은
주인의 지시에 따라 수구水口밑이나, 투병投餠이거나, 논둑
에 간병干餠하는 셋 가운데 택일하는 것으로 되어 있다.

이때의 농촌은 논둑의 풀베기를 한 다음, 배동비료를 뿌린 뒤에, 다가 온 유두제流頭祭이므로 밀떡과 보리떡이 쉽게 만들어졌다. 찰떡을 제수祭需로 올리는 집의 유두제流頭祭는 그리 많지가 않았다, 이 유두제를 마친 다음의 시간은 마을 청년들과 머슴들이 한자리에 모여 풍악을 울리면서 머슴의 주인집에서는 서로의 술내기가 자연스럽게 벌어진다. 이 마을 저 마을에서 울리는 풍악은 밤늦게까지 마을 간의 경쟁인 양 요란했다.

<2007. 7. 30>

43. '철 따라 살펴보는 세시순례'를 마무리하면서

'철 따라 살펴보는 민속순례'를 쓴 지 벌써 1년이 되었다. 그러니까 작년 7월 26일부터 시작하여 금년 중복中伏날로 끝맺게 된 것이다. 곧 작년 말복未伏부터 『광역일보』에 투고投稿한 것이 벌써 1년이 되었다. 24절후는 입춘, 우수, 경칩, 춘분, 청명, 곡우, 입하, 소만, 망종, 하지, 소서, 대서, 입추, 처서, 추분, 백로, 한로, 상강, 입동, 소설, 대설, 동지, 소한, 대한의 순으로서, 한 달에 두 개의 절후로 짜여진 월령月令인 것이다. 그 사이에 칠석七夕, 윤칠월潤七月, 벌초伐草, 추석秋夕, 중구일重九日, 시월상달, 제야除夜, 설날舊正, 동신제洞神祭, 정월대보름, 영등제靈登祭, 서원書院의 춘향제春享祭, 한식寒食, 삼월삼재三月三災, 사월초파일, 단오端午, 초복初伏, 중복中伏, 말복末伏다림의 제명題名으로 절후節侯와 세시歲時를 순례巡禮하는 글을 싣다보니 43회나 연재連載되었다.

필자가 오랜 객지생활을 접고 2002년 5월부터 울주군 두동면 이전리泥田里에서 칩거蟄居하면서, 절후節侯에 따라 농경의 실경實景을 경험하면서 살아왔다. 그러한 가운데 세시歲時를 살펴보는 농경생활農耕生活에서, 우리가 어렸을 때 겪었던 풍속도風俗圖와는 너무나 많은 변화가 왔음을 절감했다. 다만 농촌은 소박하고 순정純情하고 낭만이 넘치는 것만은 변하지 않았다. 이제는 도저히 80대가 겪었던 농촌 분위기는 찾을 수가 없다. 그래서 가끔 옛 풍속과 문화를 되뇌어보는 글을 쓸 때마다 농촌의 생활문화에 많은 변화가 왔음을 절감切感한다는 말을 반드시 하게 되는 것이다. 따라서 세시풍속의 변화도 물론이다. 그것은 문화와 문명의 발달과 함께 생활이 바뀌고 생각이 바뀌면 세시의 문화도 이에 따라 변하는 것처럼, 농기구의 발달에서 따라 농작農作의 작업 순차나 시간적 효과 등에서 문명의 이기利器가 과연 편리하고 신체적 편안함을 느끼지 않을 수가 없을 것이다. 이 문화와 문명에 동승한 농경생활에 많은 변화가 왔음은 당연한 것이다.

생각하면 요즘의 농민들은 참 행복한 사람들이다. 모두를 기계에 의존하여 농작農作할 것이라는 것을 농민들은 아마 상상도 못했을 것이다. 그것은 오로지 쟁기로서 논밭을 갈고 손으로 심고 매고 베던 때의 농경에 비하면 너무나 많은 변화가 왔기 때문일 것이다. 농우農牛에 의한 경작은 산촌의 비탈 밭을 제외하고는 농우가 필요 없게 되었으니, 농우는 이제 사람들의 미각을 돋우는 식육우食肉牛로 전락되고 말았다. 농우로 사람과 함께 희비喜悲를 나누었던 가족적인 농우가 한갓 식육동물 밖에 되지 않는 사람들의 의식변화는 참으로 연민의 정과 함께 안타까운 생각이 든다. 부엌과 함께 붙어 있는 마구간, 남편은 여물을 끓이고 아내는 밥을 짓던 가족 같은 식구가 동물로 전락되고부터는 가옥구조도 바뀌었다. 멀리 시장에 갔다가 소의 울음소리에 허겁지겁 달려와 소먹이부터 먼저 주고서야 뒷간으로 가는 어머니들의 소사랑에 대한 지극한 애정은, 옛 농촌의 풍경이었다.

이웃에 초상初喪이 들면 온 마을이 일손을 놓고 서로가 팥죽을 끓여 온다. 팥죽이라는 붉은 색감은 요귀妖鬼들을 축귀逐鬼하는 벽사적辟邪的인 양귀법禳鬼法의 하나로서 예부터 민속화 되었음과 동시에 상주들의 망자亡者를 잃은 슬픔의 통곡痛哭에 효과적인 보조식사로 애용되었기 때문이다. 발인發靷날이면 젊은이들은 향도香徒군이 되어 망자의 저승 길을 축도하는 향도가香徒歌로써 마을 앞을 떠나면, 온 마을의 아낙네들은 슬픔으로 상여喪輿를 전송 한다. 그런데 요즘은 망자의 운명殞命과 동시에 병원의 영안실로 옮겨져, 현대적인 장례문화를 좇아 초종상례初終喪禮로서 간소화 되는 문화로 바뀌었다.

농한기인 긴 겨울밤 젊은이들이 밤늦게까지 놀다가 배가 헐출하면 이웃집의 닭서리, 고구마서리, 백김치서리 등으로 배를 채우고는 헤어진다. 어머니께서 간밤에 닭 도둑이 들었다는 외침에 시치미를 떼는 아들, 아버지의 모른 체하는 눈짐작으로 넘어가는 닭서리문화가 요즘 같으면 도둑으로 반드시 신고 될 것이다. 이 아름다운 서리문화는 잊을 수 없는 농한기 농촌문화들이다. 이 모두가 변화된 것이 농촌이다. 그러나 변화되지 않은 것은 농촌의 인심들이다.

<2007. 9. 11>

이 수 봉 李樹鳳

1928년 울산 출생
홍익대학교 국어국문학과 졸업
동아대학교 대학원 국어국문학과 석·박사과정 수료(문학박사)
충북대학교 사범대학 국어교육과 정년퇴임(1994)
현재 충북대학교 명예교수
1988년 청주시 문화상
1992년 충청북도 문화상
2007년 울산광역시 문화상 수상
『家門小說研究』,『湖西地方의 喪禮風俗과 風水』
  외 다수의 저서와 논문 발표

⁂ 철 따라 살펴보는 세시순례 ⁂

초판 인쇄   2008년 10월 20일
초판 발행   2008년 10월 30일

지은이   이 수 봉
펴낸이   한 정 희
펴낸곳   경인문화사
주   소   서울특별시 마포구 마포동 324-3
전   화   02-718-4831~2
팩   스   02-703-9711
이메일   kyunginp@chol.com
홈페이지   한국학서적.kr
          http://www.kyunginp.co.kr

값 8,000원
ISBN : 978-89-499-0597-6   93380